EXPOSITION·UNIVERSELLE·

1900

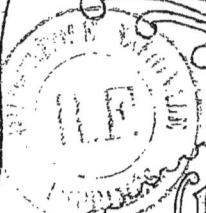

COLONIES FRANÇAISES

MADAGASCAR

MERWART INV⁼ & PINX⁼

COLONIES

ET

Pays de Protectorats

J. CHARLES-ROUX

Ancien député, délégué des Ministères des Affaires étrangères et des Colonies

Marcel SAINT-GERMAIN,

Sénateur, Directeur adjoint au délégué.

Yvan Broussais
Sous-Directenr

Victor Morel
Secrétaire Général

Frédéric Basset
Chef de Cabinet du Délégué

Général GALLIÉNI, Gouverneur général de Madagascar

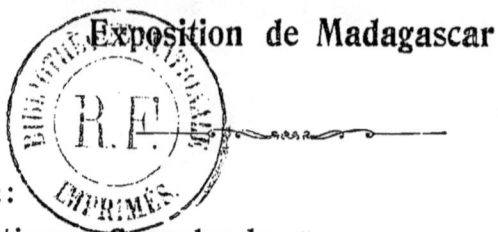

Exposition de Madagascar

COMMISSAIRE :

M. **Étienne Grosclaude**, ❋.

COMMISSAIRES ADJOINTS :

M. **Clément Delhorbe**, Secrétaire général du Comité de
Madagascar, Membre du Conseil
supérieur des Colonies. ,

M. **François Crozier**, Consul de France, ancien attaché
à la Résidence générale à Tana-
narive.

ARCHITECTE :

M. **Antony Jully**, Ingénieur colonial, Délégué technique
de la Colonie.

ARCHITECTE ADJOINT :

M. **Léon Francastel**, Architecte.

———

PRINCIPAUX COLLABORATEURS :

M. le Dʳ **Besson**, ❋, Administrateur en Chef de 1ʳᵉ classe à Fianarantsoa;

M. le Commandant **de Mondésir**, Chef de bataillon du Génie;

M. le Commandant **Dubois**, Chef d'escadron d'Artillerie, attaché àl'État
Major du Gouverneur Général;

M. le Capitaine **Mérienne-Lucas**, Chef du Service Géographique à
Madagascar;

M. **Gautier**, Chef du Service de l'Enseignement ;

M. **Berthier**, Administrateur à Tamatave;

M. **Bénévent**, Administrateur à Majunga;

M. le Lieutenant **Maroix**;

M. **Nogué**, Dʳ de l'École Professionnelle à Tananarive.

M. **Moranges**, Ingénieur agronome.

BUREAU DE L'EXPOSITION :

M. **René Sühner**, rédacteur au Ministère des Colonies, Chef du service;

M. **Aristide Maria**, Commis de résidence à Madagascar, attaché;

M. **Georges Thiery**, secrétaire.

L'EXPOSITION DE MADAGASCAR

———

L'exposition de Madagascar est installée au centre de la place du Trocadéro et reliée à ce palais par une vaste plate-forme.

Son pavillon, de forme cylindrique, est d'une architecture qui se rattache au style arabe, dont de curieux vestiges, mis au jour par les travaux de M. Jully, attestent le rôle joué jadis à Madagascar, où aucun art n'apparaît dans la construction moderne.

A l'exception de quelques constructions de Majunga, qui ont conservé l'empreinte de ce style, et en dehors des villas européennes, les habitations malgaches sont en bois et en roseau dans les régions supérieures, en terre rouge ou « pisé » dans l'Emyrne et dans le Betsiléo. Le palais de la reine, la résidence et la cathédrale, à Tananarive, montrent de la pierre de taille, mais les palais des ancêtres sont en bois, notamment le Palais d'Argent, qui doit son nom à des guirlandes de clochettes argentines suspendues au-dessous de la toiture et dont le pavillon de l'exposition de Madagascar présente une reproduction.

Trois portes monumentales relèvent la façade de ce pavillon.

Un campanile de 44 mètres de haut — au sommet duquel le vohoromahery, vautour royal de Madagascar, déploie ses ailes — conduit à une salle de conférences où l'on accède également par les galeries du premier étage.

Avant de procéder à une description détaillée de l'exposi-ion de Madagascar et pour mieux en faire comprendre l'ordonnance générale, il convient d'indiquer le système qui a présidé à son organisation.

Une colonie aussi jeune et, à vrai dire, aussi peu connue que Madagascar, dont la mise en valeur est à peine ébauchée et qui ne possède encore presque rien de l'outillage indispensable à son développement, ne devait pas être représentée par une simple exhibition des produits d'un sol à peine effleuré et d'une industrie naissante; il s'agissait bien moins de placer sous les yeux du public les produits obtenus, comme cela convient pour des territoires en pleine exploitation, que de faire connaître ceux qu'on pouvait attendre et le moyen de les multiplier; de montrer plus encore ce qui est à faire et ce qui est en train de se faire que le peu qui est déjà fait.

Présenter l'essentiel de cet enseignement, sous une forme frappante, expressive et pittoresque, à un public distrait par les attractions les plus diverses, et dont l'immense majorité est indifférente au détail technique, attirer son attention par des spectacles sensationnels, la retenir par leur enchaînement raisonné, en dégager à son profit quelques notions élémentaires, aisément assimilables et d'une portée durable; enfin, rechercher dans des tableaux d'ensemble l'occasion de développer chez tous les visiteurs une curiosité générale, en même temps que de fournir à chacun, par des indications méthodiquement repérées, le moyen de se renseigner d'une façon approfondie sur les sujets qui sollicitent plus spécialement son intérêt — tel a été le plan.

C'est dans cet esprit que l'exposition de Madagascar a été divisée en trois régions :

Le *rez-de-chaussée* offre le spectacle mouvementé du paysage malgache, des principales cultures, des animaux sauvages et domestiques et de l'existence indigène.

Dans une île aménagée au centre même du bassin du Trocadéro on a improvisé, en un décor d'une saisissante réalité la haute et profonde forêt malgache avec ses essences les plus caractéristiques et ses rares animaux : les makis, les oiseaux et les serpents, apportés de la colonie à la veille de l'Exposition. Des crocodiles, également originaires de la grande île, reçoivent l'hospitalité du bassin du Trocadéro et viennent s'étendre sur ses rivages ombreux.

Les aspects les plus intéressants de l'agriculture malgache sont reproduits dans deux dioramas.

D'un côté, les rizières, en leur quatre phases essentielles : le labour à l'angade ou bêche malgache, le défoncement de la terre inondée, sous les pieds des troupeaux de bœufs évoluant au commandement; le moment du repiquage et celui de la récolte; — de l'autre côté, l'exploitation des principales plantes forestières productives de caoutchouc.

Cette exhibition agricole est complétée par une série de jardinets de plantes artificielles, où l'on peut suivre le développement du café, la fécondation de la vanille, la récolte des cabosses de cacao, les procédés employés pour recueillir le latex du caoutchouc, la coupe des raphias et de diverses autres plantes textiles, la cueillette des feuilles de thé et de tabac, le travail du bombyx, filant la soie sur les ambrevades et les tapias, qui abondent à l'état de nature dans certaines régions de Madagascar, enfin, rivalisant avec lui, l'araignée à soie, dont le produit donne une étoffe précieuse.

Auprès, sur le seuil de leurs cases, des artisans, spécimens des principales peuplades de notre nouvelle possession, manufacturent ces divers produits, confectionnant des rabanes, tissant des lambas, tressant des sobikas de roseaux ou des sacs en raphia, tandis que d'autres se livrent au travail de la poterie, de la dentelle, de la vannerie fine, ou aux menues industries du bois et des métaux.

Quelques-uns lavent de l'or à la battée ou au sluice dans une petite rivière qui serpente au voisinage d'une habitation démontable, édifiée sur le type le plus usuel; plus loin, un parc minuscule retient des animaux domestiques, dont le plus important est le zébu ou bœuf à bosse, qui rend les services les plus variés et qu'on utilise même avantageusement comme monture.

Un grand nombre d'indigènes en mouvement dans les jardins, donnent de l'animation et de la couleur locale à ces divers spectacles, dont le pittoresque est rehaussé par la présence de quelques détachements de miliciens et de tirailleurs malgaches, — précieux élément de l'armée coloniale que la France est en train de se constituer.

Une serre réunit des plantes tropicales, et notamment quelques-unes des orchidées qui pullulent dans les forêts de la région moyenne.

Le premier étage — auquel on accède par deux plans inclinés en pente douce, et qui communique avec le Trocadéro par une large passerelle munie de deux escaliers et d'un tapis roulant dit escaladeur — réunit, en une sorte de sélection, les éléments de ce qu'on pourrait appeler l'enseignement élémentaire des choses de Madagascar. Le visiteur arrivant du dehors y trouve presque immédiatement un plan en relief, qui lui fait tout de suite comprendre la configuration générale de la grande île dont le sol s'élève depuis le littoral jusqu'au grand plateau central, défendu par un double seuil montagneux; la nature géologique du terrain, les différentes cultures qui conviennent à chaque région, leurs productions naturelles, forestières ou autres, y sont désignées par des teintes conventionnelles; le tracé du chemin de fer récemment voté par la Chambre des députés, y apparaît dans l'évidence des avantages qui l'ont fait prévaloir.

Des indications précises renvoient le visiteur soucieux d'approfondir un point spécial aux galeries du premier étage, où sont exposés en détail les documents et les objets relatifs à chaque question, exemple : le plan et les devis du projet de chemin de fer, indiqués sur le relief, se trouvent au complet dans la salle des travaux publics, au second étage, et une fiche les signale.

Une autre fiche signale, à proximité, l'assemblage de la carte de l'Imerina au 1/100.000 ème, dès aujourd'hui complètement achevée. Plus loin, la carte au 1/500.000 ème de l'île entière, ne présentant plus que quelques lacunes, sauf en ce qui concerne l'Extrême Sud, où la pénétration n'est pas complète.

Un relief spécial de la baie de Diégo-Suarez, fait comprendre l'intérêt qui s'attache à la défense de cet important point d'appui de notre flotte.

Un autre plan en relief, fort intéressant, est celui de la ville de Tananarive, exécuté sous la direction des Frères des Écoles chrétiennes par leurs élèves, qui exposent aussi un moulage représentant des rizières de montagnes.

Avec le concours des trois grandes compagnies de navigation qui ont des services réguliers sur Madagascar, les Messageries maritimes, les Chargeurs réunis et la Péninsulaire havraise, on a dressé une importante carte murale des moyens de communication de la grande île avec l'Europe et avec le littoral de l'Océan Indien, qui montre également les principales colonies européennes de l'Afrique ainsi que leurs voies ferrées, construites et en projet. Cette œuvre de vulgarisation cartographique est complétée par des tableaux, où l'on a réuni les données essentielles de la question des relations avec Madagascar.

L'exposition de l'équipement et de l'outillage colonial tient, à juste raison, une place importante; on a cherché à la rendre attrayante en la présentant sous la forme d'un convoi en marche, figuré par des personnages de cire : un colon, en costume de voyage, est porté sur un filanzane par quatre bourjanes, suivis d'une file d'autres porteurs chargés de tout l'attirail nécessaire au voyage; ils se rendent vers une halte, où des Européens se meuvent entre une tente de campement et une habitation coloniale. Tout ce qui peut être utile à l'explorateur, au planteur, au fonctionnaire, au prospecteur est placé de la sorte sous les yeux du public, qui trouve là une foule de renseignements utiles, présentés par les soins du comité de Madagascar, sous le patronage éclairé duquel est placée cette section.

Le reste de la galerie du premier étage est occupé par une importante exposition ethnographique, dont la partie historique, qui n'est pas la moins curieuse, se trouve dans la galerie supérieure.

C'est dans cette galerie du *second étage* qu'ont été réunis par les exposants et par la colonie une grande quantité de documents de nature à aider à la connaissance historique et géographique de l'île. Le musée de Tananarive expose des objets précieux provenant du palais de la reine Ranavalo ; le musée commercial de la capitale, les divers services administratifs de l'administration locale, ont envoyé leurs plus beaux spécimens des produits industriels de la colonie : lambas riches et communs, tissus de soie, ustensiles de ménage, poteries, etc.

L'ornementation murale des galeries consiste en de grands panneaux peints en toile dont les sujets sont empruntés à la vie des indigènes et des colons de l'île, ainsi qu'à sa faune et à sa flore, et reproduisent quelques paysages caractéristiques. C'est là aussi qu'a trouvé son inspiration l'auteur de la grande verrière qui orne la porte sud, où la nation malgache fait sa première apparition dans l'art du vitrail.

C'est dans cette galerie que se trouvent également les vitrines des exposants soit officiels, soit privés. Il est en effet à remarquer que chaque province de la grande île expose ses produits pour son propre compte. Le visiteur y gagne de pouvoir se renseigner rapidement sur les produits de la région de Madagascar qui l'intéresse particulièrement. Cette partie de l'exposition est essentiellement agricole, industrielle et commerciale. Là sont rassemblés les échantillons des produits, ainsi que les types d'objets manufacturés qui peuvent être avantageusement importés dans la colonie par nos commerçants.

Signalons aussi un magnifique choix d'essences forestières recueillies et méthodiquement classées par le service local. La colonie a envoyé des meubles en bois précieux fabriqués à Tananarive par les écoles professionnelles, notamment une chambre à coucher, dont la principale pièce est un lit qui marque une heureuse tendance vers la création d'un art industriel malgache. L'industrie privée expose également d'intéressants objets d'ameublement, parmi lesquels on remarque des panneaux décoratifs et un piano droit en bois malgache.

C'est dans la galerie supérieure, où on peut les étudier avec une attention recueillie, que figurent les intéressantes collections d'histoire naturelle et de paléontologie rapportées de Madagascar; mentionnons spécialement des œufs d'Epiornys et les principales pièces du squelette de cet oiseau fabuleux, dont un tableau schématique, reconstitué d'après les éléments dont dispose la science, montre les gigantesques proportions.

LES INDIGÈNES ENVOYÉS PAR LA COLONIE DE MADAGASCAR

Le détachement des Malgaches arrivé par le *Campana* des Chargeurs-Réunis, sous la direction de M. Jully, du lieutenant Dominé, commandant la section de tirailleurs et du Dr Vilette, est une des grosses attractions du pavillon de Madagascar. Il a été constitué par les soins de M. Jully, architecte, chef du service des bâtiments civils fixé depuis fort longtemps dans la grande île.

Sa composition comprend la plupart des races habitant la colonie et forme, par cela même, une série ethnologique des plus intéressantes. Choisis surtout parmi les divers corps de métiers, ces Malgaches ont eux-mêmes construit les cases indigènes qui sont dressées sur le terre-plein du pavillon et dans le panorama. Les divers travaux qu'ils exécuteront sous les yeux du public, tissus, dentelles, vannerie, orfèvrerie, etc..., permettront de se rendre compte instantanément, et mieux que par une plus longue description, des moyens primitifs employés par eux et de leurs habitudes de travail.

L'ensemble du détachement se décompose de la manière suivante :

- 24 Tirailleurs.
- 15 Miliciens.
- 35 Musiciens.
- 20 Hova dont 8 femmes.
- 4 Betsiléo dont 2 femmes.
- 4 Siahanaka dont 1 femme et deux enfants.
- 4 Tankarana dont 2 femmes.
- 2 Sakalava du Nord-Ouest (Nossi-Béen).
- 3 Sakalava de l'Ouest (Maintirano), dont 1 femme.
- 3 Mahafaly, dont 2 femmes (Tuléar).
- 2 Tanosy, dont 1 femme.
- 3 Taimorona, dont 1 femme.
- 4 Betsimisaraka, dont 2 femmes.
- 1 Tambahoaka.

1° *Tirailleurs et miliciens.* — Les deux sections ont été recrutées dans les provinces qui se sont les premières soumises à notre domination ou qui sont en contact avec nous depuis de longues années, races du centre, du Nord-Ouest et de l'Est, Hova, Betsiléo, Nossi-Béens, Betsimisaraka.

Leur uniforme est à peu de choses près le même, en flanelle bleue marine avec le veston à col échancré à un rang de boutons, du modèle de celui de l'infanterie de marine aux colonies, tombant sur le pantalon bouffant qui rappelle la culotte de bicycliste, des jambières en drap bleu ou en toile, des sandales de cuir, et, sur la tête, une chéchia rouge pour les tirailleurs, bleue pour les miliciens. Les soutaches et passepoils sont jaunes pour les premiers et bleus pour les seconds.

L'armement comporte, pour les tirailleurs, le fusil et la baïonnette 1886 (Lebel); pour les miliciens, le fusil et la baïonnette 1874 (Gras). Les cartouches de réserve sont portées sur la poitrine, dans des cartouchières de toile pour les uns, ou dans des ceintures de même tissu à compartiments séparés pour les autres.

En campagne, l'uniforme est en toile kahki. Dans la toile de tente se roule la couverture et le rechange en flanelle. Le tout est porté en sautoir et l'on fixe, à l'extérieur du rouleau, les piquets, la gamelle et le sabre d'abatis.

3º *Musiciens.* — Les trente-cinq musiciens sont tous Hova. Ils formaient autrefois la musique de la Reine. Les exécutants, primitivement versés dans la milice, constituent aujourd'hui, la musique du gouvernement, à Tananarive. Leur costume se compose du lamba de coton rayé de noir, jeté sur l'épaule, comme l'ancienne toge romaine, et du chapeau national en jonc tressé avec une lyre d'argent fixée sur le ruban noir.

4º *Hova.* — Cette race, contre laquelle nous avons fait la campagne de 1895, et qui avait étendu sa domination sur une grande partie de l'île, occupe le massif central, l'Imerina, dont la capitale est Tananarive. Souples et intelligents, ils ont une faculté d'assimilation qui leur permet d'exécuter avec des outils rudimentaires les travaux les plus variés, et de copier les produits de notre industrie, comme on peut s'en rendre compte dans la ligne d'échoppes, copiée sur un coin du marché de Tananarive, dit Zoma.

5º *Betsileo.* — Les Betsileo de race équivalente, moins turbulents toutefois, furent refoulés successivement par les Hova, qui se les étaient assimilés. Ils occupent le Sud du massif central, et leur capitale est Fianarantsoa. Ils excellent

dans les travaux de culture et l'exploitation de la soie indigène.

6° *Siahanaka*. — Au Nord du massif central, en remontant
du côté de Diégo, on trouve tout d'abord les Siahanaka,
établis autour du grand lac Alaotra, vaste dépression marécageuse qui baigne le pied des contreforts septentrionaux du
massif de l'Imérina. Le climat y est beaucoup plus malsain
que dans les hauts plateaux. Les Siahanaka sont peu nombreux. Leur population est composée surtout de pêcheurs
habitant les villages lacustres qui bordent les marais du lac
Alaotra. Sur les pentes Nord du lac, ils se livrent à l'élevage
du bétail. Leur capitale est Ambantondrazaka.

7° *Antankara*. — L'extrémité de la pointe Nord de l'île est
habitée par les Tankarana, qui garnissent le triangle formé
par le massif d'Ambre et Diégo. Leur royaume, autrefois
florissant, s'étendait jusque vers Majunga. Ils sont en contact
depuis de longues années avec la civilisation. Colonisés jadis
par les Arabes, en relations constantes avec les Comores, ils
ont gardé dans le costume, la langue et les mœurs, des traces
nombreuses de cette influence. Ils sont du reste indolents et
paresseux.

9° *Sakalava du Nord-Ouest*. — Il en est de même pour les
Sakalava du N.-O. et en particulier pour les Nossi-Béens :
les insulaires, comme ceux de Sainte-Marie sur la côte Est,
excellent dans la pêche et la navigation. Les hommes font des
marins pour nos bâtiments de guerre ; les femmes, du même
type que les Betsimisaraka, font des ouvrages de vannerie
fine. Leurs mœurs sont très dissolues.

9° *Sakalava de l'Ouest*. — Les Sakalava de l'Ouest sont au
contraire restés sauvages, nomades et pillards. Jaloux de
leur indépendance, ils n'ont pas accepté, sans de longs et
cruels combats, notre prédominance. Les habitants de Maintirano, dont le détachement ne possède que deux spécimens,

se sont plus facilement soumis que ceux du Menabé, pays situé à l'angle rentrant que forme le milieu de la côte Ouest.

10° *Mahafaly.*— Les Mahafaly occupent les vastes territoires du Sud-Ouest de Madagascar, leur port est Tuléar. Ils sont presque totalement inconnus et notre pénétration commence à peine à se faire sentir chez eux. C'est la région des euphorbiacées produisant le caoutchouc.

11° *Tanosy.* — Les Tanosy forment une variété de la même race sur la côte Est. Grands, bien découplés, d'un tempérament guerrier, ils ont soutenu au XVII° siècle de longues luttes contre l'influence française représentée par de Flacourt, établi au Fort Dauphin. Un courant d'immigration constant les porte vers l'Ouest, et les met en relations suivies avec les Mahafaly. C'est un peuple d'éleveurs.

12° *Taimorona.* — Les Taimorona, descendants directs des Arabes, garnissent la côte Est autour de Farafangana. Population voyageuse et travailleuse, on lui a emprunté de nombreux terrassiers pour la construction des voies de pénétration de la côte Est au Massif central. Leurs migrations régulières les entraînent parfois jusqu'à Diego-Suarez.

13° *Betsimisaraka* — Les Betsimisaraka occupent tout le reste de la côte Est. Habitant soit le bord de la mer, soit la forêt, ils sont à la fois pêcheurs et bûcherons. Malheureusement, la fertilité de leur sol, doué de ressources naturelles, les rend paresseux. Adonnés aux boissons alcooliques, leur race décroît et s'affaiblit de jour en jour : comme certaines races autochtones, elle est peut-être appelée à disparaître.

14° *Tambahoaka.* — Entre les Taimorona et les Betsimisaraka existe, autour de Mananjary, une petite principauté constituée par les Tambahoaka, métis provenant d'une immigration arabe relativement récente.

Tous ces indigènes ont été logés dans le Bastion 57, à la

Muette, dont la caserne a été gracieusement mise à la disposition du ministère des Colonies par la place de Paris.

Ils sont placés sous le commandement du capitaine Laporte, de l'infanterie de marine, et administrés par M. Maria, chancelier de résidence à Madagascar ; M. le docteur Vilette, médecin de première classe de la marine, détaché aux colonies, qui a accompagné la mission depuis son départ de Madagascar, continue à leur donner ses soins éclairés et veille avec la plus grande sollicitude sur les règles d'hygiène à faire observer par les Malgaches, qui, comme on peut s'en rendre compte, ne présentent pas, sauf dans les races de l'Ouest, des types robustes et vigoureux.

LE PANORAMA DE MADAGASCAR

Au premier étage, engainé en quelque sorte dans le bâtiment de la colonie, un panorama de la prise de Tananarive, et une intéressante série de dioramas figurant les principaux épisodes de la campagne de 1895, ainsi que diverses scènes de la vie publique à Madagascar, ont été installés par les soins d'une société concessionnaire, autorisée à percevoir une taxe supplémentaire.

Cette œuvre est due au peintre Louis Tinayre.

L'entrée du Panorama fait face à la passerelle qui relie le premier étage du pavillon au palais du Trocadéro, et sur laquelle sont installés les musiciens de l'orchestre de la Résidence.

Général PENNEQUIN, Gouverneur général par intérim

LA COLONIE DE MADAGASCAR

Gouverneur général : M. le Général GALLIENI
Gouverneur général par intérim : M. le Général PENNEQUIN

CHAPITRE PREMIER

Histoire. — Conquête de Madagascar

PRÉLIMINAIRES DE 1642 A 1895

L'Ile de Madagascar est entrée dans la sphère d'influence de la France, il y a plus de deux siècles.

Dès 1642, en effet, le Cardinal de Richelieu, Ministre du roi Louis XIII, autorisa une compagnie commerciale à créer un établissement dans l'île et, la même année, le Dieppois Rigault prit possession de Fort-Dauphin, sur la côte Sud-Est. Les premiers administrateurs de la Compagnie furent Pronis et Flacourt.

En 1664, Colbert crée la Compagnie des Indes Orientales et donne à M. de Mondevergue, puis à l'amiral La Haye, le titre de Gouverneur général de la « France Orientale ».

Evacué, à la suite d'un massacre des colons par les indigènes, l'établissement de Fort-Dauphin est rétabli, en 1767, par M. de Maudave. En 1773, le gouvernement français envoie Benyowski s'installer dans la baie d'Antongil ; trois ans plus tard, celui-ci, grâce à son habile politique, est accepté comme chef suprême par tous les habitants de la région Nord-Est de l'île. Mais en butte à la jalousie des gouverneurs de l'Ile de France, Benyowski voit son œuvre compromise ; il meurt en 1786.

En 1791, puis en 1801, le gouvernement français envoie à Madagascar des commissaires spéciaux et en 1804, sous Napoléon Ier, Sylvain Roux est nommé sous-gouverneur de Tamatave, dont les Anglais s'emparent en 1811, mais qu'il nous fait rendre en 1816.

Dès 1822, il reprend possession de Sainte-Marie, occupe Fort-Dauphin, Pointe à Larrée, Tintingue. Mais il doit combattre les princes hovas établis en Imerina sur le plateau central de l'île et il n'est pas toujours heureux dans sa lutte contre le roi Radama Ier, soutenu moralement par l'Angleterre et contre la reine Ranavalona Ire.

Sous Charles X, une expédition commandée par Gourbeyre ne produisit aucun résultat et l'île fut évacuée sous Louis-Philippe.

Le gouvernement hova cessa alors toutes relations avec les puissances européennes et Madagascar pouvait sembler perdue pour la France.

Cependant un de nos compatriotes, Jean Laborde, établi dans l'île depuis 1831, sut, par son intelligence, rendre de grands services au gouvernement hova et parvint à persuader au roi Radama II d'entrer à nouveau en relations avec nous. Le traité de commerce de 1868, conclu sous Ranavalona II, cimenta la nouvelle alliance. Cet acte diplomatique donnait aux Français le droit de posséder dans l'île des biens meubles et immeubles transmissibles par héritage et de commercer librement.

Malgré ce traité, la reine Ranavalona II, à la mort de Laborde, ne voulut pas reconnaître aux héritiers de notre com-

M. Jean LABORDE.
Ancien consul général de France

patriote les droits qu'ils possédaient légitimement sur la fortune qui leur était léguée. Le gouvernement français fit des représentations inutiles à la reine, qui, non contente de violer le traité de 1868, rendit intolérable aux Français le séjour de Madagascar et prétendit s'asservir les peuplades sakalaves et antankaras, placées sous notre protectorat depuis 1840.

En 1882, le gouvernement français donna à l'amiral Pierre mission de faire respecter par les Hovas le traité de 1868. Celui-ci, à la tête d'une escadre, s'empara de Nossi-Bé et de Majunga et, par un ultimatum, mit en demeure le gouvernement hova de céder à la France toute la région de l'île située au Nord du 16° parallèle, de rendre justice aux héritiers de Jean Laborde, de verser un million de francs à titre d'indemnité et enfin de reconnaître le contrôle de notre pays sur sa politique extérieure.

Cet ultimatum est repoussé. L'amiral Pierre occupe alors Tamatave, mais il est remplacé par l'amiral Galiber qui entame, en 1883, avec le gouvernement hova des négociations qui n'avaient abouti à aucun résultat au mois d'avril de l'année suivante.

Sur ces entrefaites, la Chambre des Députés autorisa une action plus vigoureuse et l'amiral Miot, successeur de l'amiral Galiber, livra autour de Tamatave et de Majunga quelques combats qui eurent pour résultat d'amener le gouvernement malgache à demander la paix.

De nouvelles négociations furent entamées qui aboutirent, le 17 novembre 1885, à la signature d'un traité préparé par les plénipotentiaires français, l'amiral Pierre et M. Patrimonio.

Nous obtenions, en toute propriété, le territoire de Diégo-Suarez et le droit de représenter Madagascar dans ses relations avec les nations étrangères. Un résident général français devait être envoyé à Tananarive avec une escorte militaire.

La France s'engageait défendre, le cas échéant, le gou-

M. Le Myre de Vilèrs

vernement hova contre toute attaque du dehors et à lui envoyer des instructeurs militaires, des ingénieurs, des instituteurs.

Ce traité, qui, un moment, avait semblé devoir clore l'ère des difficultés entre les deux gouvernements, devait, par suite de l'ambiguité de ses termes, mise soigneusement à profit par la Cour d'Imerina, engendrer des conflits que nos résidents généraux s'ingénièrent, durant dix années, à apaiser.

Le Premier ministre Rainilaiarivony refusa formellement de reconnaître à notre représentant dans l'île le droit de délivrer l'exequatur aux consuls des puissances étrangères. Non content de cette violation brutale de la principale clause du traité de 1885, il soumit les nombreux colons français qui venaient de s'établir dans l'île à toutes sortes de vexations.

Le gouvernement français résolut de tenter un dernier effert pour amener la Cour de Tananarive à l'exécution intégrale des traités. Il confia à M. Le Myre de Vilers la mission de se rendre à Tananarive et d'exiger de la reine Ranavalona III l'application du traité de 1885, avec toutes ses conséquences, et, en cas d'insuccès, de rompre toutes relations avec cette souveraine. Le gouvernement malgache, en réponse à l'ultimatum qui lui était apporté par M. Le Myre de Vilers, se contenta de demander l'annulation du traité de 1885. Notre ministre plénipotentiaire évacua la colonie française de Tananarive sur Tamatave et Majunga.

Résolu à agir sans délai, le gouvernement français demanda aux Chambres les crédits nécessaires à l'envoi d'un corps expéditionnaire dans la grande île. Ces crédits furent votés.

La reine RANAVALO-MAUJAKA III

Expédition de Madagascar (1894-1895)

L'expédition, confiée au Ministère de la Guerre, fût placée sous la direction du général Duchesne. Le corps expéditionnaire comprenait :

> 658 officiers ;
> 14.773 hommes de troupe ;
> 641 chevaux de selle ;
> 6.630 mulets ;
> 46 pièces d'artillerie ;
> 5.040 voitures Lefèvre ;
> 6.000 conducteurs auxiliaires.

Opérations du corps expéditionnaire. — Le Chef de la division navale de l'Océan Indien, le capitaine de vaisseau Bienaimé, reçoit le 11 décembre 1894 notification de l'état de guerre. Le 12, les troupes de la marine occupent Tamatave et les Hovas se retirent aux environs, derrière les lignes de Farafatre, sous le commandement du Ministre Rainandriamanpandry.

Au commencement de 1895, la garnison de Diégo-Suarez détache deux compagnies à Majunga, qui doit servir de base d'opérations au corps expéditionnaire.

L'avant-garde de l'armée du général Duchesne, commandée par le général Metzinger, débarque à Majunga le 1er mars 1895. Le 2 mai, elle enlève Marovoay, poste hova situé sur la Betsiboka, à 70 kilomètres de Majunga, puis inflige un second échec à l'ennemi le 16 mai, à Ambodimonty.

Le général Duchesne, débarqué le 6 mai à Majunga, prend le commandement en chef et, pour assurer le ravitaillement de plus en plus difficile au fur et à mesure que l'armée s'éloigne de la base des opérations, décide de construire une route carrossable le long de la rive droite du fleuve jusqu'à Suberbieville.

Le 7 juin, l'avant-garde traversait la Betsiboka. Le 9, elle enlevait Mevætanana, position très forte que les Hovas défen-

RAINILAIARIVONY, premier ministre

dirent à peine. Le 20, elle culbutait un fort parti ennemi à Tsarasoatra, village situé à 25 kilomètres au sud de Suber-bieville.

Le 9 juillet, le corps expéditionnaire était concentré] à Ambato et une route praticable aux voitures Lefèvre reliait

Majunga à Marololo qui devenait ainsi une nouvelle base d'opérations.

Le 21 août, le général Voyron chassait 3.000 Hovas d'une forte position qu'ils occupaient sur le pic d'Andriba et le mont Hiandrereza. Au prix d'efforts inouis, la route était pousssée jusqu'à Mangasoavina.

La colonne légère. — Le général Duchesne se rendit compte alors des difficultés insurmontables que présenterait désormais la construction de la route et il résolut de faire marcher sur Tananarive une colonne légère dont les approvisionnements en vivres et en munitions seraient portés exclusivement par des mulets.

Cette colonne partit de Mangasoavina le 14 septembre, sous le commandement du général Duchesne : elle était composée de 237 officiers, 4.013 soldats, 1.515 conducteurs, 266 chevaux et 2.809 mulets, 12 pièces de montagne.

Le 15 septembre, la position de Tsinainondry tombait entre nos mains et le 19, après un vif engagement, la colonne campait au pied des monts Ambohimena ; puis, refoulant l'ennemi devant elle et le battant à la hauteur de Tsimahandry, parvenait le 29 septembre au village d'Ilafy, à huit kilomètres de Tananarive.

Le 30, après quelques petits combats sous les murs de la capitale et un bombardement d'une demi-heure, le pavillon blanc était hissé sur le palais de la reine. A 4 heures du soir, le général Metzinger pénétrait dans la ville. Le général Duchesne faisait son entrée solennelle le 1er octobre au matin, et le même jour, à 3 heures, le traité de paix était signé. Il établissait à Madagascar le système du protectorat avec toutes ses conséquences.

Le 18 janvier 1896, M. Laroche, nommé Résident Général de France à Madagascar par le gouvernement français, prenait possession de son poste à Tananarive.

Le général DUCHESNE

La pacification. — La paix avait été conclue, mais la conquête de l'île restait à faire. Si la Reine avait dû capituler devant nos troupes, le peuple malgache, lui, n'avait pas fait sa soumission, et, excité secrètement par la cour d'Emyrne, il allait nécessiter de notre part une œuvre de pacification extrêmement pénible et longue, à peine terminée aujourd'hui, plus de trois ans après l'entrée de nos troupes à Tananarive.

A la fin de juillet 1896, l'insurrection était presque générale dans l'Imerina et la vallée du Mangoro. Le but des insurgés était d'isoler la capitale et de l'affamer, en coupant la route de Tamatave et en empêchant les indigènes restés dans le devoir de cultiver les rizières.

La situation était des plus critiques; le gouvernement s'en émut. Le 6 août 1896, il fit voter par le Parlement l'annexion de Madagascar à la France et le 28 septembre, il nomma résident général le général Galliéni. Cet officier général réunit entre ses mains tous les pouvoirs civils et militaires. Grâce à lui, la pacification se fit rapidement, méthodiquement, sans nécessiter dans l'île d'autres troupes que le corps d'occupation. Il rétablit tout d'abord la régularité des communications avec la côte Est pour assurer le ravitaillement de l'Imerina.

Laissant l'administration des provinces de la côte Est, rapidement pacifiées, aux administrateurs civils, il partagea la région centrale, alors en pleine effervescence, en territoires militaires, subdivisés eux-mêmes en cercles. A la tête de ces circonscriptions, il plaça des officiers de choix, qui réunirent entre leurs mains tous les pouvoirs et dont chacun assuma la responsabilité de la sécurité dans la région qui lui était confiée. La pacification fit, selon l'expression du général Galliéni, la « tache d'huile » : limitée en 1896 au pays environnant Tananarive, elle s'étendait en 1897 à tout le plateau et en 1898, elle pénétrait à l'Ouest, dans des régions ou les Hovas eux-mêmes n'avaient jamais pu établir leur autorité.

La colonne légère en vue des Ambohimènes (Campagne de 1895)

Aujourd'hui, on peut dire que la conquête de l'île est achevée; les ennemis les plus intraitables de notre autorité, les Sakalaves, ont reçu de sévères leçons et ne paraissent pas disposés à un soulèvement qui serait d'ailleurs vite réprimé. Le moment est venu où le colon, le commerçant doivent suivre la voie que leur ont tracée nos soldats et s'installer presque partout, sous la protection de nos postes qui ne leur fera jamais défaut.

Il est plus difficile de conquérir un territoire colonial que de se l'approprier définitivement.

L'Angleterre a convoité longtemps Madagascar ; elle en avait fait préparer la conquête par le gouvernement de l'île Maurice et par ses missionnaires. Evincée de l'île, chercherait-elle à s'y établir, en cas de conflit avec la France ? Elle appréciait autant que nous l'importance que sa position dans l'Océan Indien attribue à notre nouvel colonie — le grand relai de la route du Cap aux Indes, approvisionné de toutes les ressources naturelles d'un terrain éminemment favorable à l'élevage ainsi qu'à la culture, et disposant du voisinage des charbons de l'Afrique du Sud pour le ravitaillement de Diégo-Suarez, dont le port naturel devait offrir à notre flotte, au prix de sacrifices relativement minimes, un point d'appui inexpugnable (1).

A peine étions-nous effectivement installés dans Madagascar, elle entreprenait à Port-Louis et à Maurice d'importants travaux de défense, y creusait un port pour ses cuirassés, et faisait de l'île entière un véritable camp retranché, où elle amenait en abondance des troupes de l'Inde et des milices Matabélés.

_____

(1) En outre de la carte en relief de l'île, l'Exposition de Madagascar montre à ses visiteurs un plan en relief de la région qui entoure la baie de Diégo-Suarez. Cette carte permet aux moins initiés dans l'art de la défense des places de se faire une idée de son importance stratégique.

La mort du Kabyle

Ces forces sont concentrées en face de Madagascar, notre nouvelle colonie, qui se trouverait, pour ainsi dire, prise entre deux feux le jour où le gouvernement britannique donnerait suite à l'intention qu'il a laissé paraître de s'installer à Lourenço-Marquès.

Il n'est pas téméraire de penser que notre situation militaire dans la Grande Ile est présentement assez forte pour que nous ayons l'assurance de ne pas être contraints à en sortir. En dehors du corps d'occupation, composé de troupes solides habituées aux climats tropicaux, commandé par des officiers qui ont parcouru le pays et le connaissent parfaitement, le Général Galliéni a institué des régiments de tirailleurs malgaches et des compagnies de milice qui, solidement encadrées d'officiers et de sous-officiers européens, marcheraient bravement au feu.

Vue de Tananarive

Pic d'Ivohibé (2,100 mètres)

CHAPITRE II

Géographie

Généralités. — L'Ile de Madagascar est comprise entre 11° 57' 17" et 25° 38' 55" de latitude sud et entre 40° 51' 50" et 48° 7' 40" de longitude est.

Sa superficie totale est de 600,000 kilomètres carrés environ et dépasse par conséquent celle de la France, de la Belgique et de la Hollande réunies.

Sa longueur, du cap d'Ambre au cap Sainte-Marie, est de 1,580 kilomètres et sa largeur moyenne de 430 kilomètres.

Le canal de Mozambique la sépare de l'Afrique Continentale.

Les côtes se développent sur 5000 kilomètres et sont peu découpées en général.

La partie Sud de Madagascar appartient seule à la zone tempérée, le reste de l'île étant situé dans la zone torride.

La population de l'île est d'environ 3,000,000 d'habitants, soit huit habitants par kilomètre carré (France 71).

Orographie

Madagascar est un pays de hauts plateaux se terminant à l'Est par des pentes rapides et à l'Ouest par des pentes douces qui constituent de vastes plaines.

A l'Est, la côte est bordée de chaînes de montagnes en gradins séparés par des vallées profondes, qui livrent difficilement un passage vers les hauts plateaux.

Ces derniers sont au nombre de deux : le premier constitue la région de l'Imerina et du Betsileo, au centre de l'île ; il est parfaitement délimité et taillé comme à l'emporte-pièce. Son rebord oriental s'élève souvent à 1,600 mètres, son rebord occidental dépasse très rarement 1,200 mètres.

Le second est situé au nord de l'île et séparé du précédent à la hauteur de la baie d'Antongil et de Mandritsara par un col de 600 mètres d'élévation qui est en quelque sorte le point de contact entre le pays sakalave et le pays Betsimisaraka. Au pied des plateaux, à l'Ouest, s'étend un bas pays sillonné parfois par des chaînes de collines de 400 à 600 mètres d'élévation, formant une série de plateaux allongés qui furent certainement autrefois des récifs de coraux. A cette catégorie appartiennent le Bemaraha, le petit Bongolava et, dans le Bouéni, le Manasamody,

Il convient de classer à part les massifs volcaniques disséminés sur toute la surface de l'Ile.

Le plus important est l'Ankaratra, au centre de l'île dont le plus haut point est le Tsiafajavona (2,680 mètres).

Dans le Nord-Ouest, sur les bords du lac Itasy, des éruptions volcaniques plus récentes présentent des cônes bien conservés.

A l'extrême Nord de l'île, dans la province de Diégo-Suarez, est la montagne d'Ambre et à l'extrême Sud l'Ivohitsomby, qui affecte la forme d'un fer à cheval.

Géologie

Le sol de Madagascar se divise, au point de vue de sa nature, en deux catégories principales : à l'Ouest, nous avons des terrains sédimentaires; sur les plateaux et à l'Est, des terrains métamorphiques ; l'aspect des deux régions est très différent.

Terrains métamorphiques. — Les roches métamorphiques sont surtout des gneiss et de micaschistes. Les gisements de calcaires cristallins sont fréquents et à l'Ouest d'Ambositra, on trouve un massif de beaux cipolins à éclat marbré. On si-

Les Bâtiments de l'Hôpital militaire à Tananarive

gnale également, dans le voisinage d'Ambositra, des schistes ardoisiers.

Terrains primaires. — Les terrains primaires ne sont représentés à Madagascar que par une bande carbonifère très étroite à la baie d'Ambavatoby, près de Nossi-Bé.

Terrains secondaires. — Les terrains secondaires occupent toute la partie Ouest de l'île, ainsi que l'indiquent de nombreux fossiles recueillis à Maiva Rano, à Balalitra, près de Majunga, dans le Bemaraha, dans la vallée de l'Isakondry.

Presque toujours, les couches inférieures sont des poudingues, des schistes et des grès rouges. Ces grès forment la masse de l'Isalo (sur le plateau Bara), du Tsiandava (au Ménabé) ; on les rencontre aussi à Ankavandra et à Suberbieville.

Les calcaires sont rejetés à l'Ouest, sur les pentes des plateaux Mahafaly et Bara, le Bemaraha et les hauteurs en bordure de la mer, au Nord de Majunga.

Terrains tertiaires. — Les terrains tertiaires sont vraisemblablement peu étendus à Madagascar. Des fossiles tertiaires ont été trouvés à Diégo-Suarez, à Majunga et en de nombreux points de la côte Est.

Terrains éruptifs. — Madagascar a vu deux époques d'activité volcanique ; la plus ancienne, qui a vu naître le massif de l'Ankaratra a amené à la surface du sol, en beaucoup de points de l'île, des basaltes, des trachytes.

A l'Ouest du lac Itasy et à Nossi-Bé se dressent des cônes de scories bien conservés dans leur forme caractéristique et qui sont l'indice d'éruptions plus récentes.

Eaux thermales. — A cette activité volcanique est due la grande quantité de sources thermales qui se rencontrent à proximité des anciens volcans. Notons les sources de Ranomafana, sur la route de Tamatave à Tananarive, d'Antsirabé, sur la route de Tananarive à Fianarantsoa, de Mahatsinjo, à l'Ouest du lac Itasy, etc.

Stratification. — Si l'on considère non plus la nature des roches, mais leur aspect, on s'aperçoit que leur redressement a partout la même direction, aussi bien dans les terrains métamorphiques que dans les terrains secondaires ; les lignes de plissement affectent sensiblement la direction du Nord-Sud et par conséquent la pression latérale orogénique s'est produite suivant la direction Est-Ouest.

Hydrographie

Versant Est. — Les fleuves qui se jettent dans l'Océan Indien prennent leur source à peu de distance de la côte et traversant un pays très accidenté et de pente rapide ne sont pas navigables. Parmi eux, trois seulement ont quelque importance, l'Iaroka, le Mangoro et le Mananara.

Le Mangoro coule, sur 100 kilomètres environ, du Nord au Sud, dans l'étroite vallée de l'Ankay, puis il s'infléchit à angle droit vers la mer. Son principal affluent, l'Onibé, prend naissance dans le massif de l'Ankaratra.

Le Mananara prend sa source sur le haut plateau par trois rivières, le Menaharaka, l'Inaivo et l'Itomampy.

En dehors de ces deux exceptions, le plateau central rejette ses eaux sur son versant Ouest, c'est donc de ce côté que nous trouverons les fleuves les plus importants.

Versant Ouest. — Les trois principaux sont : le Betsiboka, le Tsiribihina et le Mangoky.

Les deux premiers présentent de grandes ressemblances. Ils sortent de l'Ankaratra, coulent pendant la première moitié de leur cours sur le haut plateau et en descendent par des chutes, puis traversent lentement la plaine Sakalave.

Le Betsiboka a un débit très inégal ; à la saison des pluies, le lit est assez profond pour permettre aux chaloupes à vapeur de remonter jusqu'à Mevotanana ; pendant la saison sèche, les embarcations doivent s'arrêter à Marololo, sauf celles qui calent moins de 0.60 centimètres et qui vont jusqu'à Ambato ; le cours du fleuve est obstrué par de nombreux bancs de sable.

Un affluent du Betsiboka, l'Ikopa, passe au pied de Tananarive.

Le bas-Tsiribihina semble avoir un débit beaucoup plus régulier ; le fleuve traverse en effet, au moment où il débouche dans la plaine sakalave, une région marécageuse, couverte de plantes aquatiques, le Betsiriry, qui lui sert de régulateur. Les boutres utilisent le cours du fleuve pour remonter jusqu'au plateau central.

Le Mangoky prend sa source dans la chaine orientale, au sud de Fianarantsoa. Son débit est très grand, mais, sur le plateau Bara, il coule au fond de gorges profondes et son cours est souvent coupé par des rapides qui apparaissent déjà à quelques kilomètres de son embouchure. C'est un fleuve inutilisable au point de vue de la navigation.

En dehors des trois fleuves que nous venons de nommer, le massif central donne naissance à des cours d'eau de moindre importance, le Sofia, le Mahajamba, le Manambolo, l'Onilahy qui ont du moins l'avantage d'être assez facilement navigables. C'est ainsi que le Manambolo laisse monter dans la bonne saison des convois de pirogues jusqu'à Ankavandra.

Nous ne ferons pas une mention particulière des petits fleuves qui sillonnent en très grand nombre la plaine sakalave et le plateau Bara. Coulant dans des terrains calcaires et par suite facilement perméables, ils sont au moment de la saison sèche, absorbés par le sol.

Lacs. — Les fleuves malgaches, presque sans exception, ont dû jadis s'étaler dans de larges cuvettes qu'ils ont colmatées. Ainsi la plaine de Betsimitatatra, au pied de Tananarive, fut certainement un lac que l'Ikopa, lorsqu'il est grossi par les pluies inonderait encore, s'il n'était contenu par des digues.

Le lac Alaotra, encore considérable, se comble peu à peu.

Baie de Diego-Suarez. — Antsirane

Le lac Itasy est aujourd'hui un marais plutôt qu'un lac et sa profondeur ne dépasse nulle part 5 à 6 mètres.

Notons le lac Tritriva, au fond d'un cratère du sud-ouest de l'Ankaratra, les lacs Kilony et Fatoma à l'Ouest de Majunga, le lac Andranomena dans le Ménabè.

Côtes. — Comme nous l'avons dit plus haut, les côtes de Madagascar ont un développement d'environ 5,000 kilomètres et sont en général peu découpées.

La côte Est, de Fort-Dauphin au sud de Diégo-Suarez doit au régime des vents et des courants un caractère très particulier. Le courant équatorial ne permet pas aux sables entraînés par les rivières de se déposer en alluvions au large, mais les étale à quelque distance de la côte en bancs de sable de forme allongée qui isolent ainsi de la mer des lagunes que l'on pourra facilement convertir en un canal navigable, en perçant les seuils sablonneux peu étendus (pangalanes) qui actuellement les séparent les unes des autres.

Dans le voisinage de Fort-Dauphin, les montagnes arrivent jusqu'au bord de la mer.

Il n'y a pas de bons ports sur la côte Est et la rade de Tamatave elle-même, la plus fréquentée de l'île, est foraine; elle n'est protégée que par un récif de corail. Il est depuis longtemps question de créer à Tamatave un port artificiel, lui permettant de tirer un profit réel du chemin de fer qui, dans un avenir prochain, le reliera à Tananarive.

Dans le nord de Madagascar, les éruptions volcaniques ont fortement découpé la côte, qui présente de vastes baies, parmi lesquelles les plus connues sont celles de Diégo-Suarez et de Nossi-Bé. La première mérite une mention toute particulière.

C'est, en effet, l'une des mieux défendues par la nature, qui soient au monde, et les travaux d'art maritime et militaire que la France est décidée à y entreprendre vont lui donner une importance stratégique considérable.

Elle constitue un port naturel, très profond jusque près de la côte et divisé en sept petites baies très sûres. Elle communique avec la mer par un chenal étroit commandé par l'Ile de la Lune.

Forêt

De Nossi-Bé au cap Saint-André, la côte est bordée par des falaises calcaires, dans lesquelles la mer et les fleuves ont creusé de larges baies, dont certaines entrent profondément dans l'intérieur des terres. Le travail se continue activement aujourd'hui, notamment auprès de Majunga. Citons Port-Radama, la baie de Maeva-Rano, celles de Narendry, de Maha-

jamba, de Bombetoke (embouchure de la Betsiboka) de Ma-
rambitsy, de Baly.

Au Sud du cap Saint-André et jusqu'au Mangoky, la côte
est sablonneuse, et des barres très-fortes rendent difficile l'accès des embouchures des rivières. Deux ports, Maintirano et
Morondava, font cependant un assez grand commerce.

Au Sud du Mangoky, les coraux envahissent la côte
et forment des lagunes, comme celles d'Heotry et de Tsima-
nanpetsotra.

La baie de Saint-Augustin est la seule de cette partie de la
côte malgache. Elle fut autrefois fréquentée par les baleiniers
américains.

Forêts

L'île de Madagascar n'est pas encore assez connue pour que
l on puisse apprécier exactement l'étendue de son domaine
forestier. Cependant, il est permis de l'évaluer à 10 millions
d'hectares, c'est-à-dire à 19 pour 100 environ de la superficie
totale.

Actuellement, le haut plateau et même certaines régions bas-
ses, comme le Boueni, sont déboisés et les forêts sont confinées
dans l'Est, le Nord-Est et l'Ouest, constituant autour de l'île
une sorte de ceinture coupée, à certains endroits, par de larges
trouées. Elles ont un aspect bien différent, selon qu'elles sont
situées à l'Est, à l'Ouest ou au Sud.

Celle de l'Est, abondamment arrosée toute l'année, est la
vraie forêt tropicale.

La forêt de l'Ouest est, au contraire, un bois taillis, buisson
neux, une sorte de brousse.

Les arbres, au lieu d'y être toujours verts, perdent, pour la
plupart, leur feuillage pendant la saison sèche.

Dans le Sud, on ne rencontre pas, à proprement parler, de
forêts, mais une végétation arborescente de caractère tout par-

ticulier — plantes cactiformes, arbres corail, euphorbiacées à caoutchouc.

Essences. — La classification des essences forestières de Madagascar n'est pas encore complètement terminée, mais déjà le service forestier de la colonie a pu étudier les plus intéressantes au point de vue de l'exploitation. L'exposition de Madagascar en possède une collection qui sera considérée avec intérêt par nos industriels et nos commerçants. Nous ne pouvons mieux faire qu'engager nos lecteurs à s'y reporter. Il serait fastidieux d'en donner ici une sèche nomenclature. Notons cependant que les espèces les plus utilisées jusqu'à présent sont le santal, l'ébène, le gommier copal, le rafia, mais surtout les espèces qui donnent le caoutchouc.

On ne peut dire, en vérité, que les forêts de Madagascar aient jamais été exploitées ; elles ont été seulement détruites, en certains endroits, par des colons nullement soucieux de reboiser. Cependant, M. Marchal, qui avait obtenu de Rainilaiarivony, une concession forestière de 250,000 hectares, dans la région située au Nord de Fort-Dauphin, tenta une exploitation régulière et fit même un commerce d'exportation de bois. Il expédia en Europe de l'ébène et du palissandre, fournit des traverses au chemin de fer de la Réunion. Mais ses produits mal débités, se vendirent dans de mauvaises conditions, et d'autre part, son installation dans la colonie était trop rudimentaire pour lui permettre de perfectionner le travail de ses bois. Il abandonna son entreprise en 1890.

L'administration locale s'est rendu compte très rapidement de l'avenir qui était réservé dans l'Ile à une exploitation rationnelle des forêts. Elle n'a pas hésité à concéder à des sociétés privées justifiant de capitaux importants de vastes étendues de terrains boisés, sans leur accorder la propriété du sol et en leur imposant le reboisement méthodique des régions mises en valeur. Il appartiendra à ces sociétés de chercher des débouchés pour leurs produits et il y a tout lieu d'espérer qu'elles en trouveront sans trop de peine.

Climatologie

Madagascar s'étend du Nord au Sud sur 1,580 kilomètres; les diverses régions qui composent son territoire ont des altitudes très variables. Il n'est donc pas étonnant que les conditions de température ne soient pas les mêmes sur les côtes est et ouest, dans le Sud, dans le Nord et sur les plateaux.

Si la chaleur est très forte sur le littoral, elle est très supportable sur les hauteurs. A mesure que l'on s'éloigne du bord de la mer pour gravir les pentes du massif central, on rencontre des climats de plus en plus tempérés. En Imerina, il n'est pas rare de voir la grêle tomber sur l'Ankaratra et la glace se former sur les flaques d'eau du massif.

Mais, quelle que soit la région de l'île que l'on considère, la division de l'année en deux saisons bien distinctes s'impose : saison chaude ou pluvieuse et saison sèche ; la première commence en octobre pour finir en mars, la saison sèche comprend les six autres mois de l'année.

Bien entendu, les maximum et minimum de température correspondant à chacune de ces deux saisons ne sont pas les mêmes sur les côtes et sur le plateau ; ils diffèrent même à l'ouest et à l'est.

Voici un tableau établi par M. Alfred Grandidier, après de nombreuses observations personnelles, corroborées dans la suite par les observations de l'observatoire de Tananarive et des médecins français du corps d'occupation.

	Côte Occidentale	Plateau	Côte Orientale
	Tullear	Tananarive	Tamatave
Minimum	16º Juillet	6º Juin-Août	16º Juillet
Maximum	33º Janvier	29º Novembre	33º Décembre-Janv.

Il convient de remarquer qu'il n'y a pas un grand écart entre les températures minimum et maximum. Il est pour les deux saisons de 17° à Tulléar, de 23° à Tananarive, de 17° à Tamatave; c'est-à-dire que Madagascar jouit d'un climat égal, peu exposé aux sauts brusques de température.

C'est un grand avantage que procurent à Madagascar les

Paillotte betsimisaraka

mers qui l'entourent et les courants qui assurent à celles-ci une température normale.

Régime des pluies et des vents. — Le régime des pluies est très différent à Madagascar, suivant que l'on considère les hautes régions centrales, la côte est et la côte ouest. Sur le plateau, en effet, la saison des pluies commence à la fin d'octobre pour finir en mars, et pendant six mois, la fréquence des orages est extrême; sur la côte occidentale, sur le versant est, le tonnerre gronde chaque jour et il pleut torrentiellement; les

4

pluies commencent en octobre, augmentant d'intensité et finissent en avril, comme sur le plateau.

Tout autre est le régime sur la côte orientale, où la saison pluvieuse dure toute l'année, bien que plus accentuée de janvier à octobre. Les pluies consistent en averses orageuses de peu de durée, qui se succèdent les uns aux autres, avec une grande violence.

A mesure que l'on s'éloigne de la côte est pour remonter les pentes du plateau, les pluies augmentent d'intensité pour atteindre leur maximum dans la zone forestière, où elles sont presque continues.

En 1892, année pluvieuse, la pluie tombée à Tamatave atteignit 3^{m}584^{mm}; pendant l'année 1893, considérée comme sèche, elle atteignit 3 mètres. A Tananarive, entre 1882 et 1889, la branche liquide a varié de 1^m,050, minimum (1882) à 1^{m}750 maximum (1884).

Dans le Sud et le Sud-Ouest, si les averses ont plus d'intensité, elles sont, en revanche, plus courtes et plus rares. A Tullear, il est tombé 277 millimètres d'eau en 1892, 418 millimètres en 1891,

M. le docteur Rouire, médecin-major, explique ainsi le régime des vents de la grande Ile :

« Madagascar est compris tout entier dans la zone des vents « alizés du Sud-Est; d'avril en septembre, le soleil, éclairant « directement la zone tropicale du Nord, échauffe de ses « rayons cette zone, en raréfie l'air et y attire le vent du Sud-« Ouest. C'est l'époque où souffle la mousson du Sud-Est, qui « couvre de pluie le littoral oriental de Madagascar. Mais « quand, en octobre, l'astre revient vers le sud, amenant avec « lui la zone des nuages et des pluies, les vents changent fré-« quemment d'allure et de direction ; ils se reportent en mous-« sons du Nord-Ouest sur les côtes de Madagascar et soufflent « dans cette direction jusqu'en avril. Il est toutefois bon de

« notèr que, dans le canal de Mozambique, la conformation des
« terres qui bordent les deux côtés du détroit donne une légère
« déviation à la direction primitive des courants aériens. D'oc-

Femme sakalave du Menabé

« tobre à mars, dans ces parages, la mousson souffle du Nord-
« Est, et d'avril à septembre du Sud-Ouest.
   « Avec la mousson du Nord-Ouest [coïncident les orages et
« les cyclones. Les premiers viennent, pour la plupart, de
« terre. Leur origine est facile à expliquer. Refoulés pendant
« le jour par la brise du Nord-Ouest, les nuages sont poussés
« vers la montagne et s'y agglomèrent. Ils forment alors une

« large bande bleue qui, sur le soir, ne tarde pas à être visible
« au loin et qui est fort connue de tous les navigateurs qui
« approchent de ces parages. La bande bleue, repoussée à son
« tour violemment vers le large, laisse échapper souvent pen-
« dant la nuit la pluie, la foudre et les éclairs.

« Les orages venus du large sont, en général, plus à redou-
«ter. Parmi ces derniers, les plus dangereux sont les cyclones.
« Venu d'ordinaire de l'Equateur, entre le 5e et le 10o degré de
« latitude Sud, l'ouragan, après avoir traversé obliquement la
« mer des Indes, se dirige par le Sud-Ouest sur Madagascar,
« contourne la Grande Ile et se porte ensuite dans la direction
« Sud-Est en sens inverse des vents alizés. La spirale se meut
« toujours en tournant de l'Ouest à l'Est par le Nord et de l'Est
« à l'Ouest par le Sud et présente, dans ce long trajet paraboli-
« que, un centre relativement calmé qui se déplace incessam-
« ment. Quelquefois, le cyclone se réduit à un simple coup de
« vent qui agite la mer quelques heures ; mais trop souvent, ce
« sont de furieuses rafales qui bouleversent les flots durant
« plusieurs jours et sur une largeur de plus d'un millier de
« kilomètres. »

Ces terribles ouragans sont heureusement assez rares à
Madagascar. Cependant, l'île de Nossi-Bé vient d'être sérieu-
sement éprouvée par un fléau de ce genre, qui a anéanti un
grand nombre de plantations en pleine prospérité.

Ethnographie

Madagascar n'est pas habitée par une race unique, mais par
des peuplades entre lesquelles existent des différences profondes.

Tous les malgaches sont cependant des négroides, à l'exception des hovas.

Hovas — Les hovas ont la peau claire, les cheveux droits,

leur stature est petite, leur physionomie rappelle celle des mongols. Ils habitent l'Imerina ou Emyrne, région qui entoure le massif de l'Ankaratra. Leur nom signifie hommes libres. A côté d'eux vivent des hommes de condition inférieure qu'ils

Femme Betsimisaraka

appellent des mainty, c'est-à-dire noirs et qui ont, en effet, les traits caractéristiques des nègres.

Ce sont ces mainty qui ont fondé des colonies de Mérinas en dehors des hauts plateaux, car les Hovas proprement dits supportent difficilement le séjour de la côte.

Origine. — L'origine des Hovas est obscure ; nous nous

abstiendrons de la discuter. Notons cependant qu'ils se sont établis en Imerina assez récemment, il y a deux siècles environ, au détriment d'une population noire que la légende appelle Vazimbas et qui est vraisemblablement l'ancêtre des mainty.

De ce que la langue hova se rapproche de la langue malaise, on a induit souvent que les Hovas sont des Malais. M. Grandinier a démontré péremptoirement que la langue actuelle des hovas est à peu près identique à celle de la population primitive de l'Imerina, qui est incontestablement d'origine malayo-polynésienne.

Qualités de la race. — Ils sont d'intelligence supérieure à celle des autres malgaches, ainsi que l'indique l'état de civilisation auquel ils étaient arrivés avant d'avoir pris contact avec les Européens, civilisation qu'a pu apprécier Mayeur en 1776.

Serrés sur un petit espace, tirant leur nourriture d'une immense rizière du plateau Betsimitatatra, gouvernés par des princes et des ministres pleins d'habileté et d'énergie, comme Andrianampoinimerina, qui fit l'unité hova en 1810, comme Radama I, Ranavalona I, Rainilaiarivony, les hovas devinrent rapidement le peuple le plus puissant de l'île.

Aidés en partie par le Gouvernement Anglais, puis par les missions britanniques qui leur donnèrent une idée de notre civilisation et des lois qui régissent les peuples européens, ils furent pris d'un grand désir de copier nos institutions et réussirent tout au moins à se donner un gouvernement et des lois.

On estime leur nombre à un million.

La grande institution sociale du pays était le *fokon'olona*, assemblée de la population mâle présidée par les vieillards, devant laquelle se discutaient les conflits entre particuliers et les intérêts locaux. Abolie à la suite de l'occupation et rétablie depuis peu, cette institution a beaucoup perdu de son importance.

Betsiléos. — Les Betsiléos habitent, sur le plateau central, la province de Fianarantsoa ; ils sont assez grands et forts, leur teint est brun foncé. Avant la conquête française, ils

Antanosy

étaient complètement sous la domination des hovas. Leur nombre est d'environ 300,000.

Le betsiléo est docile et indolent, et par suite facile à gouverner. Il développe rarement ses facultés intellectuelles.

Les Betsiléos professent un culte très vif pour les morts, qu'ils ensevelissent avec solennité. Ils sont fétichistes, quoique convertis pour la plupart au christianisme, et pratiquent la circoncision.

Le mariage n'existe qu'à l'état de concubinage, rarement inscrit sur les registres de l'état civil ; il n'a aucun caractère durable et les conjoints, qui d'ailleurs ne se piquent jamais de fidélité, se quittent avec la plus grande facilité. Les enfants suivent généralement la mère.

Les anciennes cases sont en bois, les nouvelles en terre battue ou en briques, comme dans l'Imerina. Leur plan et leur structure sont invariables et commandés par des règles de sorcellerie : c'est ainsi que pour dormir, il faut avoir la tête au Nord et qu'en conséquence, le lit est situé dans le coin Nord-Est de la maison.

Pasteurs et agriculteurs, les Betsileos sont sédentaires, les pâturages et les terres cultivables ne leur faisant jamais défaut à proximité de leurs habitations.

Ils ne sont pas artistes, n'ont pas de véritables chants et pratiquent une sorte de danse mystique destinée à apaiser les esprits. Leur industrie se réduit à la fabrication de vases d'argile, d'ustensiles en bois et au tissage des lambas, grandes pièces de soie, de chanvre, de coton ou d'hafotra qui sont fort recherchées. Les ouvriers d'art que l'on rencontre dans le pays betsiléo sont généralement des hovas.

Betsimisarakas. — Les Betsimisarakas peuplent la côte Est entre la baie d'Antongil et Mananjary. Ils furent réunis, autrefois, en un royaume dont Flacourt et ses successeurs nous ont raconté les traditions.

Le Betsimisaraka est de taille moyenne et robuste, il a les yeux quelque peu bridés, le nez aplati, les lèvres non lippues, les cheveux crêpés, le teint foncé.

Il est doux, craintif et naïf. Peu intelligent, il passe son temps dans l'oisiveté et s'adonne à l'ivrognerie.

Il est sédentaire et cultive sa terre autant que l'exigent ses besoins, jamais plus.

Les villages betsimisarakas se composent d'un rue unique et d'une place. Les cases, qui contiennent rarement plus de

Femme Bara

cinq personnes, sont construites en bois non équarri. Les murs et les cloisons sont en « falafa », la toiture est en feuilles de ravenala. L'ameublement est sommaire : une natte pour dormir, une ou plusieurs malles pour les vêtements, une lampe généralement à pétrole, des marmites en fonte, etc. La vaisselle est remplacée par la feuille du ravenala.

Le costume masculin se compose du « sadika », pièce de toile qui s'enroule autour de la ceinture et passe entre les jambes et d'une blouse en rabanne ou rafia tissé.

Les jours de fête, l'indigène revêt le lamba, comme le Hova.

Les femmes ont une chemise, une jupe en cotonnade et un corsage qui s'arrête au-dessous des seins. Aujourd'hui, elles portent des châles aux couleurs voyantes. Elles aiment les bijoux.

La coiffure est le chapeau de paille pour les hommes, comme pour les femmes.

Les Betsimisarakas se nourrissent principalement de riz cuit à l'étouffée et aussi de poissons, de fruits, de viande, en petite quantité.

Ils cultivent, dans la limite de leurs besoins, le riz, la canne à sucre, le manioc, la patate, le voango, sorte de pistache. Ils font peu d'élevage.

Ils se livrent beaucoup à la pêche et un peu à la chasse.

Leur industrie se borne à la confection des rabannes, des nattes et des chapeaux.

Ils sont fétichistes, ont le culte des morts, circoncisent les enfants, aiment le chant et la danse.

L'ivrognerie, la débauche et la maladie rendent leur race inféconde ; aussi leur nombre diminue-t-il de jour en jour.

Antaimoros. — Au Sud des Betsimisarakas s'étend le pays des Antaimoros ; grands, vigoureux, peu intelligents, mais rudes travailleurs et grands migrateurs, ils remontent jusqu'à Diégo-Suarez pour chercher de l'ouvrage et gagner de l'argent qu'ils rapportent chez eux chaque année, avant la saison des pluies. Ils fournissent de nombreux terrassiers aux chantiers de la route de Tamatave à Tananarive.

Antanosys. — Autour de Fort-Dauphin habitent les Antanosys, qui se soumettent difficilement à la domination étrangère et ont souvent préféré l'émigration à la servitude. Flacourt avait déjà noté ce trait de leur caractère. Ils conservent leurs vieux usages avec un soin jaloux.

Sihanakes, Bezanozanos, Tanalas, Baras. — La grande forêt de l'Est, qui occupe deux plateaux dont l'altitude varie

Chef Sakalave

de 400 à 1,400 mètres, est habitée du Nord au Sud par les Sihanakes, les Bezanozanos, les Tanalas et les Baras et aussi par des Betsimisarakas qui n'ont que peu de points communs avec ceux de la côte.

Tous ces indigènes, vivant dans des régions à peu près identiques, dans des conditions peu différentes, se ressem-

blent beaucoup. Ils habitent les grandes clairières de la forêt,
les vallées des fleuves ; ils tirent leurs ressources de la forêt.
Les Sihanakes et les Bezanozanos étaient soumis à l'autorité
des Hovas avant de l'être à la nôtre ; au contraire, les Tanalas
et les Baras ont perdu leur indépendance depuis peu, sous
l'administration française. Il a fallu, d'ailleurs, conquérir le
territoire des Baras et le constituer en un cercle militaire
annexe. Nous avons un administrateur à Ambohimanga du
Sud, en pays Tanala.

La paresse est le défaut dominant de ces indigènes, dont
la terre produit sans travail et qui n'ont que peu de besoins.

Sakalaves. — Cette race, habitant la côte Ouest de la
Grande Ile, a été étudiée tout particulièrement par M. Grandidier dans trois itinéraires dont l'un aboutit au cap Sainte-
Marie, dans le pays des Antandroys. M. Gautier, directeur de
l'enseignement à Madagascar, a visité l'Ouest de l'Ile pendant
deux ans et c'est l'opinion qu'il s'est formée de ce peuple que
nous exposerons ici.

A la civilisation, ils n'ont emprunté que le fusil et le rhum ;
ils sont belliqueux sans courage et pillards par nature. Mélan-
gés de transfuges hovas, ils ont fourni les bandes de *fahavalos*
que les autorités françaises ont bien de la peine à faire disparaître complètement.

Ils sont incapables d'amélioration et s'attachent aux coutu-
mes de leurs ancêtres.

Ceux de Majunga et du Nord-Ouest de Madagascar ont
peut-être les défauts de leur race moins prononcés, et il est
permis d'espérer que nos colons pourront trouver chez eux
des auxiliaires dans leurs entreprises agricoles et minières.

La dernière révolte du Sambirano nous a montré que
leur soumission pouvait n'être qu'apparente et qu'il était
nécessaire de surveiller de près leurs agissements.

Les Hovas n'avaient eu sur les Sakalaves qu'une autorité

purement nominale. Aussi avons-nous dû faire la conquête
de leur pays. Dans la région du Ménabé et dans le Sud-Ouest,
conduits par des chefs exaltés, ils nous ont opposé une
résistance assez énergique. Aujourd'hui, la plapart des roite-
lets Sakalaves ont fait leur soumission et la côte Ouest où,
il y a une année encore, un Européen ne pouvait s'aventurer
sans danger, est devenue accessible à nos commerçants.

Tombeaux « Bara »

En résumé, en dehors des Hovas, dont les multiples aptitudes compensent heureusement les vices non moins variés,
la population malgache oppose généralement à la civilisation
une apathie dont on n'aura raison qu'avec le temps — et la
pratique des vertus chrétiennes, notamment de la tempérance
et de la sobriété, est peu compatible avec des instincts qui
font craqueler à chaque instant le vernis de religion dont l'a
badigeonné le zèle des missionnaires de toutes les confessions.

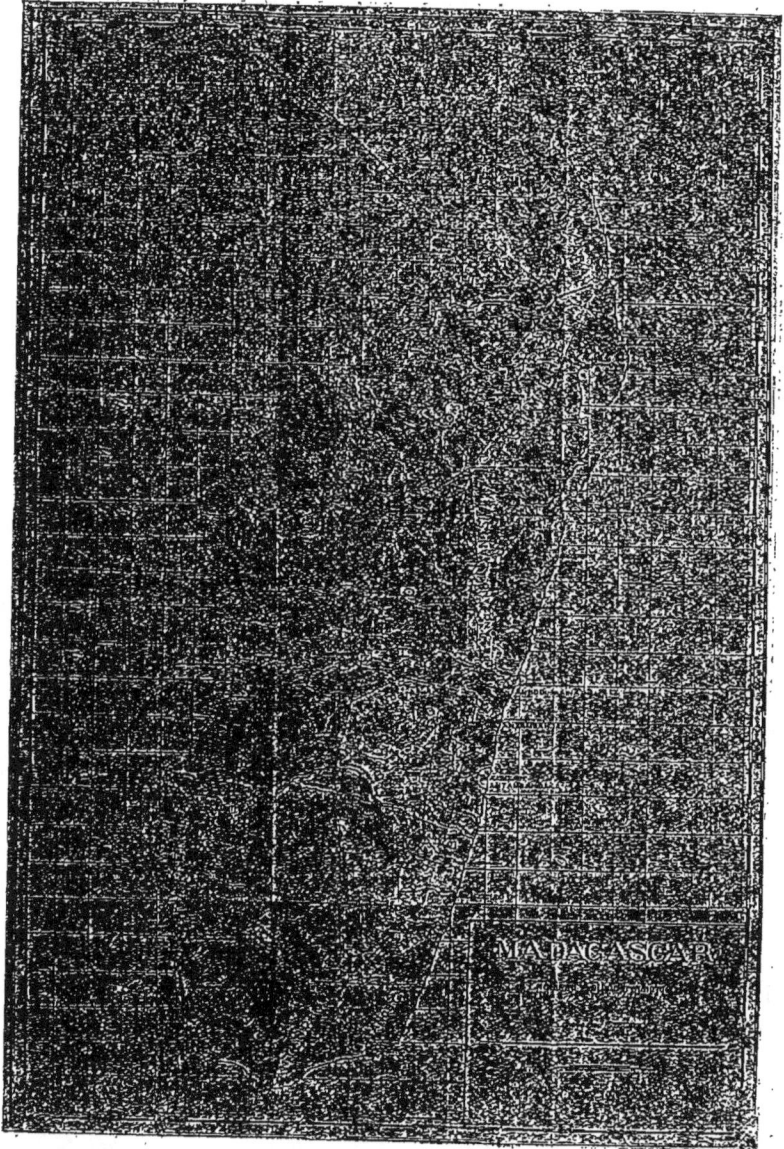

MADAGASCAR

CHAPITRE III

Productions

Nous étudierons successivement dans cette partie les produits animaux de la grande Ile, ses produits végétaux et ses produits minéraux, sans oublier que notre but n'est pas de détailler les richesses de notre colonie, mais seulement d'en montrer à ceux qu'intéresse son avenir les ressources utilisables.

Animaux

La faune de Madagascar présente un assez grand nombre d'espèces ne se rencontrant nulle part ailleurs : tels les lémuriens, les chauves-souris dites fanihys, les tandrakas. Les ossements d'espèces éteintes, comme l'Æpiornis, présentent un profond intérêt scientifique.

Animaux sauvages. — Les grands fauves sont inconnus à Madagascar ; le seul carnassier qui mérite une mention spéciale est le *fosa* qui atteint la taille du renard.

En revanche, les crocodiles sont extrêmement nombreux dans tous les cours d'eau de l'île et se montrent très redoutables à l'homme.

Les serpents ne sont pas venimeux et le plus grand d'entre eux, le boa, est loin d'être aussi dangereux que le boa africain.

Les animaux les plus remarquables de Madagascar, au point de vue scientifique, sont les lémuriens appelés aussi faux singes ou singes à museau de renard, que l'on y rencontre en grande quantité. On en compte trois familles principales : les babakoutes, les propithèques et les makis. L'exposition de Madagascar en possède des spécimens vivants.

L'ornithologie de Madagascar présente un grand intérêt, beaucoup d'espèces étant particulières à l'île ; il n'est pas dans notre intention de les passer en revue et nous prierons seulement ceux de nos lecteurs qu'une étude de ce genre poursait intéresser, de se reporter au « Guide de l'immigrant » publié par le Gouvernement de la colonie, ouvrage dans lequel ont été condensés les résultats des travaux de M. Alfred Grandidier.

Animaux domestiques. — Les animaux domestiques de Madagascar retiendront davantage notre attention et principalement ceux d'entre eux qui constituent ou peuvent constituer une source de profits pour le colon.

Bœufs. — Madagascar a toujours été réputé pour sa richesse en bœufs ; cette richesse a été bien diminuée par la dernière guerre et la période insurrectionnelle qui a suivi l'expédition. Cependant, il est incontestable que l'île nourrit un nombre de bœufs bien supérieur à celui qui est nécessaire à sa consommation locale et qu'elle peut en exporter en quantité considérable.

L'administration du général Galliéni a parfaitement compris quelle source de revenus le commerce des bœufs pouvait procurer à la grande Ile, et il a encouragé l'élevage dans la mesure de ses moyens. Tout d'abord, il a interdit l'abatage et l'exportation des vaches et des génisses, afin d'assurer la reconstitution des troupeaux. Après quelques alternatives dont l'incertitude a un moment inquiété le commerce exportateur, il a fixé les droits de sortie à 15 francs par tête de bœuf.

Ces mesures ont paru quelquefois rigoureuses et trop restrictives, mais, en réalité, elles constituent un acte d'adminis-

tration prudente. Quand la richesse en bœufs de l'île sera définitivement assurée, les barrières douanières pourront être
levées sans difficulté et nos produits animaux pourront con-
currencer avantageusement sur le marché sud-africain les
produits de l'Amérique du sud.

Le bœuf malgache, tel qu'il existe actuellement, n'est pas
un animal de boucherie comparable à ses congénères d'Europe. Aussi bien les bœufs à bosse, les plus répandus, que les

Une rizière

bœufs sans bosse ou « bory » que l'on rencontre principalement dans les provinces de Diego-Suarez, sont ordinairement
de taille moyenne. Néanmoins, on a récemment exposé des
spécimens remarquables au concours régional de Tananarive.

Pour leur donner une réelle valeur marchande, il faut améliorer la race. Aussi le général Galliéni impose-t-il aux béné-
ficiaires de grandes concessions l'importation et l'entretien
sur leurs terres d'animaux de races sélectionnées.

5

Tous ces efforts porteront leurs fruits, sans aucun doute, et ceux de nos colons, déjà nombreux, qui songent à se livrer principalement à l'élevage, y trouveront des profits de nature à récompenser leur initiative.

Les plaines de l'Ouest et du Nord de Madagascar renferment d'excellents pâturages d'étendue illimitée, où les bœufs peuvent vivre en liberté sans occasionner d'autres frais qu'une surveillance sommaire analogue à celle qu'on pratique dans l'Amérique du Sud.

L'Administration locale de l'île a fait procéder à un recensement des bœufs : ses résultats ne peuvent naturellement pas avoir une exactitude rigoureuse. Cependant, le chiffre de 1 million de têtes peut être pris comme base d'approximation suffisante. Avant la guerre, deux millions de bœufs au moins existaient à Madagascar.

Suivant les données admises, la consommation annuelle du gros bétail atteignait cinq cent mille têtes, dont 83.000 environ exportées, principalement sur Mozambique, Mayotte et les Iles Comores, la Réunion et Maurice.

Le prix du bétail a plus que quintuplé depuis l'occupation française ; il varie beaucoup suivant les provinces. Ainsi à Diégo-Suarez un bœuf se vend de 50 à 60 francs, à Tananarive de 100 à 250.

Porcs. — Comme l'élevage du bœuf, l'élevage du porc peut être très rémunérateur à Madagascar. La race y est belle, la chair en est bonne et peut donner lieu à l'industrie des conserves et des salaisons.

Moutons. — Le mouton de Madagascar appartient à la race steatopyge ; il est caractérisé par la grosseur de sa queue, dans laquelle s'accumule une grande quantité de tissu adipeux. C'est une race inférieure au point de vue de la production de la viande et de la laine et il y a intérêt à l'améliorer par l'introduction de races françaises telles que le mérinos. Cette introduction est d'ailleurs encouragée par l'Administration locale, dont les colons soucieux de leurs intérêts ne manqueront pas de suivre les conseils.

Cheval. — Il y a peu de chevaux à Madagascar et ceux qui y existent, en dehors des animaux amenés de France pour les

Femme Betsimisaraka pilant du riz

besoins du corps expéditionnaire, ne constituent pas une race locale. Leurs ancêtres paraissent avoir été importés dans l'île au commencement de ce siècle. Le cheval vit dans d'assez bonnes conditions sur les hauts plateaux.

Mulets et ânes. — Mulets et ânes s'accommodent suffisamment bien du climat de Madagascar, principalement ceux qui sont importés de la Plata et d'Abyssinie. Ils rendent les plus grands services comme moyen de transport.

Volailles. — On trouve en grande quantité à Madagascar et au plus bas prix, principalement dans le voisinage des villes, toutes les volailles d'Europe : poules, canards, oies, dindons, pigeons, et les œufs sont en abondance.

Végétaux

Au point de vue purement agricole, Madagascar jouit d'un grand avantage : celui de posséder sous une même latitude trois climats différents qui constituent trois grandes zones de productions végétales : les plateaux, les côtes et une région intermédiaire. Aussi peut-on pratiquer en même temps dans l'île les riches cultures des pays tropicaux et la plus grande partie des cultures vivrières de nos climats tempérés.

Plantes alimentaires. — Le *riz* constitue l'aliment principal de l'indigène qui le cultive dans toutes les régions de l'île, sur les points où la nature du sol comporte l'humidité qui lui est indispensable. Actuellement le riz récolté dans l'île suffit largement à la consommation locale et il n'est pas douteux que si l'indigène ou même le colon voulaient mettre en valeur les terres actuellement incultes qui seraient favorables à la culture du riz, il y aurait une surproduction qui pourrait donner lieu à un commerce important d'exportation ; ce commerce trouverait des débouchés faciles et rémunérateurs, dans l'Afrique du Sud, ainsi qu'à la Réunion et à Maurice.

Actuellement, les plus belles rizières se rencontrent aux environs de Tananarive, dans la grande plaine marécageuse de Betsimitatatra. On compte vingt-deux espèces de riz au moins ; il serait fastidieux de les énumérer, disons seulement que l'on distingue deux grandes espèces : le riz blanc et le riz rouge, le premier plus recherché que le second.

Le *manioc* est très estimé des indigènes, qui apprécient son rendement considérable et le cultivent partout.

Les patates, le topinambour, le maïs, la pomme de terre, les haricots, les pois du Cap, le *Sorgho*, l'*arrow*-root et en

Femme bètsimisaraka préparant le raphia

général les *légumes* de France viennent très bien à Madagascar dans la région des plateaux.

Céréales. — Seul, le blé a donné lieu à des essais de culture de quelque importance; il a été introduit dans l'ile par Jean Laborde et par les missionnaires.

Plantes fourragères. — La nourriture des bestiaux est constituée par l'herbe qui pousse naturellement dans l'ile, par le paddy ou riz non décortiqué et par certaines graminées. On ne cultive actuellement ni foin, ni sainfoin, ni luzerne.

Plantes textiles. — Le *cotonnier* pousse naturellement à Madagascar sur toute la zone littorale et principalement dans le Nord. Les indigènes ont abandonné sa culture, qu'ils pratiquaient autrefois sur une assez grande échelle, depuis l'importation de cotonnades à bon marché.

Le *rafia* est une sorte de palmier haut de 3 à 4 mètres qui pousse sans culture dans les terrains bas et humides du littoral. Avec les fibres tirées des palmes, l'indigène fabrique des tissus qui peuvent être très fins et qui portent le nom de rabanes.

Le *lombiro* est une liane à caoutchouc qui pousse abondamment dans l'Ouest de l'île. Pauvre en latex, elle fournit d'excellentes fibres à tisser.

Le *chanvre* est cultivé par les indigènes, principalement parce qu'ils en retirent une liqueur enivrante ; il pousse en toute saison et presque sans culture.

Préparé de façon rudimentaire, il sert à tisser des étoffes de peu de valeur.

Il serait facile d'améliorer ce produit par un choix des semences et une culture rationnelle.

La *ramie* vient très bien à Madagascar.

Plantes tinctoriales — Les principales sont : l'indigo, l'orseille, le curcuma, le manguier, le nato, le hozo ; elles poussent naturellement, sont utilisées par les indigènes, mais ne donnent lieu à aucune industrie régulière.

Plantes oléagineuses. — Les plantes oléagineuses les plus répandues à Madagascar sont : l'arachide, le ricin, le pignon d'Inde, le cocotier, le raharare.

L'*arachide* est cultivée en minime quantité dans les diverses régions de l'île, mais plus particulièrement sur les plateaux. Les indigènes seuls l'utilisent et la mangent grillée.

Le *ricin* existe à l'état sauvage dans la région de Vatomandry et d'Andevorante ; il est cultivé dans la zone supérieure,
où les indigènes le préparent et apprécient ses qualités purga-
tives.

Femme betsimisaraka faisant une sobika

Le *cocotier* réussit bien dans le sol sablonneux des côtes et
les indigènes en retirent une huile consommée sur place.
Il rapporte dès l'âge de 5 ans.

Le *Pignon d'Inde* pousse en abondance sur la côte Est ; il
est utilisé principalement comme tuteur du vanillier, mais
fournit aussi une huile purgative.

La graine de *raharahe* donne une huile utilisée par les indigènes pour la fabrication des pommades.

Autres plantes commerciales — Madagascar produit d'autres plantes commerciales, parmi lesquelles il convient de citer : le vanillier, le cacaoyer, le caféier, le théier, la canne à sucre, le poivrier, le tabac, le giroflier.

Le *vanillier* ne pousse pas naturellement dans l'île, et n'y a été introduit que depuis peu. Il est aujourd'hui cultivé sur la côte Est, mais principalement à Sainte-Marie, à Nossi-Bé et dans la plaine fertile de Sambirano, où sa culture a remplacé celle de la canne à sucre.

De belles plantations de vanillier ont été créées déjà et sont en pleine prospérité. C'est ainsi que, près d'Andevorante, une seule vanillerie a rapporté, en 1897, 500 livres.

Le vanillier se plante par boutures, au commencement de la saison des pluies généralement ; les plants fleurissent au bout de deux ans et demi ou trois ans et meurent après avoir donné trois ou quatre récoltes. C'est une culture qui demande les plus grands soins et ne peut être utilement entreprise que par des colons ayant suffisamment de capitaux pour attendre leur première récolte. En revanche, elle est très rémunératrice.

Le *cacaoyer* n'est pas originaire de Madagascar, mais il a été importé de Maurice et de la Réunion. Il pousse dans l'île avec la plus grande facilité et presque sans soins. Les principales cacaoyères sont dans la province de Vohémar et dans celle de Mahanoro.

L'arbre rapporte seulement lorsqu'il a dépassé l'âge de trois ans. A dix ans, il est en plein rapport et presque toujours en fleurs. La récolte la plus abondante a lieu vers le mois de mai.

On calcule qu'un hectare planté de 600 cacaoyers rapporte 1.500 francs et nécessite, pour frais de culture, 350 francs ; d'où un bénéfice net de 1.150 francs par hectare.

Le *caféier* se rencontre à l'état sauvage et abondamment
sur différents points de l'île, notamment sur la montagne
d'Ambre et dans la province d'Andevorante. On le cultive à
Madagascar dans presque toutes les régions, aussi bien sur les

Plantation de cacaoyers

côtes que sur les plateaux. Les principales variétés sont : le
café Malgache, le Bourbon, le café Arabica ou à petites feuilles, le café Libéria ou à grandes feuilles. On a discuté longtemps
sur l'espèce qu'il convenait de planter sur la côte. Le Libéria
paraît en ce moment le plus en faveur; il résiste, en effet,
bien mieux que toute autre espèce, à la maladie nommée

hemileia vastatrix, sorte de champignon qui pousse sur les feuilles et provoque leur chute. En revanche, il est de qualité inférieure et trouve difficilement son placement sur les marchés européens. Aussi la culture du café ne prend-elle pas à Madagascar toute l'importance qu'elle pourrait avoir si elle écoulait facilement ses produits. A l'heure actuelle, la presque totalité du café récolté dans l'île y est consommée.

Il est à souhaiter que nos colons puissent parvenir à acclimater dans la colonie une espèce de café qui soit plus en faveur sur nos marchés que le Libéria. Peut-être y parviendra-t-on par un meilleur choix des terrains consacrés à cette culture.

Le *théier* est encore peu cultivé à Madagascar, mais le climat de notre colonie lui convient parfaitement ; quelques plantations ont déjà été créées, à titre d'essai, soit par des particuliers, soit par l'admininistration dans ses jardins de Nahanisana (Tananarive) et de Fort-Dauphin. Les résultats ont été des plus heureux et les produits obtenus sont d'excellente qualité.

La culture du thé est l'une de celles qui ont le plus d'avenir à Madagarcar et l'on ne saurait trop encourager nos colons à la pratiquer.

La *canne à sucre* existait déjà à Madagascar au temps de Flacourt ; aujourd'hui, elle est cultivée avec succès dans presque toutes les parties de l'île. Cependant, elle s'accommode très difficilement du climat de certaines régions, telles que l'Imerina, le Boueni, le Voromahery. Son pays de prédilection est la côte chaude et humide.

Les indigènes traitent la canne à sucre par des procédés très rudimentaires, soit qu'ils la fassent fermenter pour en tirer une sorte de boisson, soit qu'ils la distillent pour avoir du tafia et du sucre. Les produits ainsi obtenus sont de qualité très inférieure.

Le rendement de la canne à sucre est très variable. On estime qu'à Tamatave l'hectare planté en cannes produit 59.000 kilg. de tiges et 5.504 kilg. de sucre se vendant de 20 à 21 francs les 100 livres.

Café de « Liberia » de sept ans

D'autre part, un hectare peut produire 14 à 15 barriques de rhum à 26° Baumé, coûtant 70 francs la barrique à Tamatave.

Bien entendu, des revenus bruts ainsi obtenus et qui sont d'environ 2.000 francs par hectare, il faut défalquer les frais de plantation, d'entretien et de fabrication. Les dépenses occasionnées par une plantation d'un hectare jusqu'à la première récolte, s'élève à 550 francs environ.

Ces chiffres sont ceux qui servent aux calculs des colons qui se livrent dans notre colonie à l'industrie sucrière, tel M. Dupuy à Tamatave.

Le *poivrier* se rencontre à l'état sauvage dans la forêt de l'Est ; mais on le cultive, en outre, dans la province de Mananjary et non sans succès.

Le *tabac* est cultivé presque partout, par les indigènes, mais principalement dans la province d'Ankazobe. Il est de bonne qualité et, s'il était mieux préparé, il vaudrait celui de la Réunion qui, actuellement, sert aux Européens, en même temps que le tabac d'Europe et d'Algérie.

L'administration locale a envoyé en France des échantillons de tabacs malgaches qui seront soumis à l'expertise de nos ingénieurs spécialistes. Sans nul doute, leur préparation est susceptible de perfectionnements qui en amélioreront la qualité et en faciliteront la vente, sinon à l'étranger et en France, du moins parmi la population européenne de l'Ile. Faisons remarquer, à ce propos, que nos manufactures nationales s'approvisionnent abondamment dans les colonies étrangères et en Amérique, et qu'elles n'auraient aucune raison pour repousser les produits de la grande Ile, le jour où ceux qui leur seraient offerts seraient de bonne qualité.

Le *giroflier*, originaire des Moluques, couvre presque entièrement l'île de Sainte-Marie. Dans la province de Tamatave, les planteurs ont abandonné cette culture qui, au contraire est en pleine prospérité à Vohémar et à Tintingue.

Le gingembre est cultivé en Imérina.

Arbres fruitiers. — En thèse générale, tous les fruits des pays tropicaux, bananiers, manguiers, citronniers, orangers, cocotiers, viennent sur la côte, principalement sur la côte Est et sur la côte Nord-Ouest.

Dans la zone supérieure, entre 800 et 1.700 mètres, on rencontre certains fruits des tropiques et la plupart des fruits d'Europe. Dans la zone moyenne, entre 200 et 800 mètres, occupée en grande partie, sur le versant oriental, par la forêt,

Betsimisaraka à la pêche

on rencontre les fruits des tropiques, mais en nombre assez restreint.

Vigne. — La vigne est cultivée dans l'Imérina et dans le Betsileo, auprès des maisons, dans les mêmes conditions que les treilles en France. C'est dire que jusqu'à ce jour elle n'a pas donné lieu à de grandes cultures. Les raisins sont abondants, noirs, mais aqueux et ont un goût de cassis.

M. Martin de Fourchambault à Tananarive, et les Pères Jésuites à Fianarantsoa, ont tenté la fabrication du vin, mais sans grand succès ; la boisson obtenue était faible en alcool et de goût assez désagréable. La station agronomique de Tananarive se livre actuellement à des essais qui donneront peut-être de meilleurs résultats.

Produits divers. — Le miel et la cire animale se trouvent dans la région boisée, particulièrement dans le pays bezanozano et dans le Sud, chez les Tanalas. Le miel est consommé sur place, mais la cire animale donne lieu à un certain commerce d'exportation avec Marseille et Hambourg. Sainte-Marie de Madagascar en a exporté, en 1893, 56.373 kilg ; Mahanoro en exporte annuellement 50.000 kilogr.

Bien que mal préparée et impure, la cire de Madagascar a, en Europe, un cours normal de 155 fr. environ.

La colonie pourrait facilement en exporter chaque année 200 tonnes, en la recueillant et en la travaillant par des procédés moins rudimentaires que ceux des indigènes malgaches.

Caoutchouc. — Le caoutchouc existe à Madagascar dans presque toutes les forêts et constitue encore aujourd'hui un des principaux produits d'exportation de l'île. Malheureusement les indigènes, pour réaliser un gain plus facile et satisfaire aux nombreuses demandes que leur adressaient les commerçants européens, surtout allemands, pratiquèrent la coupe des lianes qui, par suite, ont aujourd'hui presque complètement disparu de régions qui autrefois en possédaient en abondance, comme la province de Fort-Dauphin, Fénérife et Foulepointe

A la côte ouest, il est encore très abondant.

L'Administration locale s'est préoccupée vivement de la conservation des plants à caoutchouc et, par l'arrêté du 2 juillet

Le Jardin d'essai à Tamatave

1897, elle en a interdit la destruction. Elle a décidé, en outre, que les arbres et lianes ne pourraient pas être saignés avant d'avoir atteint une taille déterminée. Ces mesures ont assurément contribué à diminuer à Madagascar l'importance du commerce du caoutchouc, mais elles ont, d'un autre côté, empêché la disparition de ce végétal, qui eut été fatale. On ne peut donc que les approuver.

Comme les terrains favorables à la culture du caoutchouc sont très étendus à Madagascar et que celle-ci est très rémunératrice, nos colons n'hésiteront pas à la pratiquer largement. Ils s'appliqueront aussi à traiter le « latex » de façon plus perfectionnée que les indigènes et à obtenir par suite des produits plus purs et d'une bonne valeur marchande.

Les variétés d'arbres et de lianes qui produisent le caoutchouc sont fort nombreuses; on en compte environ 90 espèces dont on trouvera une énumération dans le « Guide de l'Immigrant ». Disons simplement ici que dans le Sud de l'Ile le caoutchouc est surtout produit par l'intisy, arbuste qui se cache dans la brousse compacte de la région.

Dans la province de Mananjary où de grandes plantations sont à l'essai le long des rives du fleuve du même nom, l'arbre à caoutchouc, bien qu'importé du Brésil, n'est pas du para, mais du *Manihot Glazovii*, autrement dit « icara ».

Dans le pays bezanozano, poussent des lianes dont la plus connue est le *vahy*, qui est la véritable liane à caoutchouc.

Au Nord, on rencontre abondamment un arbre dit « barabanja » qui produit un latex d'assez bonne qualité. Il atteint 15 mètres de hauteur et 1 m. 50 de circonférence.

Copal. — Les copaliers poussent sur la côte Est, tout près de la mer, souvent entre celle-ci et les lagunes. Ils abondent également sur la côte ouest, mais n'y sont point exploités. La gomme copal ne donne plus lieu qu'à un commerce insignifiant, les marchés européens refusant les produits indigènes qui présentent souvent des impuretés.

Les colons européens pourraient reprendre avec succès le commerce, en obligeant les indigènes à opérer avec plus de soins la récolte.

Minéraux

Avant que la France eût établi sa domination à Madagascar,

Pont en bois sur la rivière Béhéna
La route muletière de Tananarive à Mahatsara

le Gouvernement hova possédait seul les mines et en interdisait l'exploitation aux indigènes. Jean Laborde exploita bien le fer à Mantasoa et tenta d'exploiter les lignites dans la baie d'Ambavatoby, mais à sa mort, son œuvre disparut.

Vers 1886 seulement, le premier Ministre, à court d'argent, voulut utiliser les richesses minières de Madagascar, et concéda à des Européens l'exploitation des métaux précieux de l'ile. C'est ainsi que, par une convention en date du 2 décembre 1886, Rainilaiarivony autorisait M. Léon Suberbie à exploiter les mines d'or de la côte ouest de Madagascar et se réservait 10 pour 100 sur le produit brut de l'exploitation.

Après la campagne de 1895, de nombreux prospecteurs visitèrent la grande Ile, à la recherche de l'or. Dernièrement le Betsiriry a attiré de façon plus particulière l'attention des explorateurs. .

Des décrets du Président de la République française ont réglementé l'exploitation des mines de toute nature à Madagascar. Ils n'accordent pas la propriété du sol aux exploitants et les soumettent à certaines formalités qui ont pour but de faire respecter les droits des inventeurs de mines. Elle leur impose également certaines redevances.

Métaux. — On trouve à Madagascar l'or, le fer, le plomb, le cuivre, l'étain, le zinc, le platine, le mercure, l'antimoine et le nickel.

Les deux premiers méritent plus spécialement de retenir notre attention.

Or. — On trouve l'or dans presque toutes les régions de Madagascar, mais en quantité minime. Il est soit alluvionnaire, soit en filons de quartz aurifère.

Or alluvionnaire. — C'est la forme de beaucoup la plus commune. L'or est mêlé au gravier des thalwegs, à l'état de poussière, d'écailles et de petits pépites. Ce sont donc des fragments détachés de filons et qui ont été entraînés par les eaux dans les bas fonds.

La teneur en or de ces graviers est très variable, mais il est permis d'affirmer qu'elle ne dépasse pas une moyenne réelle de 2 grammes à la tonne.

Les alluvions sont le plus souvent traités à la battée. Le

maniement de cet appareil primitif est ainsi décrit dans le
« Guide de l'Immigrant » à Madagascar :

« La battée est une sorte de bouclier conique, à section cir-
« culaire, obtenu par le creusement d'un bloc de bois. Le bois
« généralement employé est le voara, bois léger et solide,
« blanc comme le sapin ; le diamètre de la section est de 50 à
« 60 centimètres et l'angle au sommet du cône est de 150 à 160
« degrés.

« L'ustensile, on le voit, est rudimentaire, mais il est d'un
« maniement facile et permet par sa forme de déterminer un
« mouvement giratoire de l'eau, lequel amène la séparation
« des matières recueillies et en assure la classification.

« La battée s'emploie de la manière suivante : l'indigène la
« remplit jusqu'aux deux tiers environ de gravier aurifère, la
« plonge dans l'eau, et d'une main il remue et débourbe le
« contenu de la battée, jusqu'à ce qu'il soit réduit à l'état de
« bouillie homogène. Il prend alors la battée à deux mains, la
« plonge dans la rivière, l'ouverture affleurant presque à la
« surface de l'eau, puis l'incline en avant, en lui imprimant un
« très léger mouvement giratoire qui a pour résultat d'en-
« voyer à la rivière les parties légères du contenu. »

Il continue ainsi jusqu'à ce qu'il ne reste plus au fond de la
battée que des parcelles de poudre d'or.

C'est un procédé primitif, qui ne nécessite aucune dépense
d'installation, mais qui a le grave inconvénient de laisser
40 pour 100 au moins de sables non traités. De plus, il ne permet pas aux exploitants de surveiller l'indigène qui peut opérer
en toute sécurité des détournements de minerai. Enfin il exige
la main-d'œuvre maxima.

Pour parer à ces inconvénients, les petits exploitants se
contentent aujourd'hui pour la plupart d'abandonner aux indigènes le métal recueilli par eux, à condition qu'ils puissent le

lui acheter à un prix déterminé d'avance et au-dessous du cours.

Mais ce procédé est inapplicable aux grandes exploitations, car il nécessite une main-d'œuvre trop considérable.

Aussi dans l'exploitation Suberbie emploie-t-on un appareil très en faveur en Californie, dans les Guyanes et en Australie, et qui porte le nom de sluice. 15 hommes travaillant à la sluice produisent le même résultat que 600 hommes utilisant la battée.

Cet appareil se compose de 3 planches clouées, de façon à former un conduit large de 20 à 40 centimètres, profond de 25 centimètres, long parfois de plusieurs centaines de mètres. La sluice est inclinée ; sa partie supérieure reçoit le gravier qu'un courant d'eau entraîne et désagrège. L'or roule sur le fond du conduit et y est retenu soit par les aspérités artificielles du bois, soit par le mercure qu'on a eu soin de déposer dans le canal.

La sluice laisse perdre beaucoup moins d'or que la battée.

Filons de quartz aurifère. — Les filons de quartz aurifère sont, paraît-il, nombreux sur le plateau central, mais inexploitables en raison de leur faible teneur. Dans le Nord-Ouest, la Cie Suberbie a exploité trois filons : ceux de Ranomangatsiaka, de Nandrozia et d'Andriamparany, d'une teneur difficile à déterminer.

Fer. — On trouve du fer dans la plupart des régions de la grande Ile, sous forme de minerai magnétique, de fer oligiste d'hématite, de magnétite. Les Malgaches connaissent depuis longtemps l'art d'extraire et de travailler le fer, mais le manque de houille a jusqu'ici empêché la métallurgie de prendre de l'extension à Madagascar. Jean Laborde à Mantasoa avait cependant réussi à créer un haut fourneau.

L'extrémité Nord de Madagascar ne paraît pas renfermer beaucoup de fer, mais il est très abondant dans le Bouéni, où il se rencontre presque pur. Dans la vallée de la Mananara il affleure en plusieurs endroits à la surface du sol. Il est commun dans la province d'Andevorante, dans le Betsileo, dans le Sud de la province de Fort-Dauphin.

Il ne serait pas impossible, en utilisant certaines chutes d'eau, d'installer des usines où le fer serait travaillé comme en Europe.

Minéraux divers

Houille. — Nous avons vu qu'il n'existe à Madagascar que très peu de terrains primaires ; la houille doit donc y être presqne inconnue. Et en effet, on ne signale qu'un seul bassin houiller sur la valeur et l'étendue duquel on discute encore sans renseignements précis. Il est situé dans la presqu'île qui s'étend entre la baie d'Ampasindasa et Port-Radama. M. Guillemin, ingénieur, crut, en 1863, reconnaître cinq affleurements houillers dans la baie d'Ambavaloby et deux dans la baie d'Ampasindasa.

Selon lui, le bassin houiller en question est de qualité moyenne et exploitable.

M. Grandidier, en 1869, émit une opinion contraire et jusqu'à présent on n'a guère rencontré que des lignites ; néanmoins, un spécimen de houille intéressant figure parmi les échantillons envoyés à l'Exposition de Madagascar, l'administration locale a décidé d'envoyer sur le terrain une mission d'études chargée de résoudre définitivement la question qui a une très grande importance au point de vue de l'utilisation des richesses minières de Madagascar, et de l'approvisionnement en charbon de notre flotte de l'Océan Indien.

La *tourbe* est commune en Imérina. Dans le voisinage de Tananarive, elle sert au chauffage des fours à chaux.

La *chaux* a été découverte en plusieurs endroits de l'île, mais malheureusement, faute de moyens de transport, il est actuellement à peu près impossible de tirer parti du plus grand nombre de ces gisements.

Les principaux sont situés au cap Diégo, dans la province de Majunga, aux environs de Tananarive, à Mahatsingo, à Antsirabe et dans le banc du Bemaraha qui traverse le Ménabé et le Betsiriry.

Le *kaolin* se rencontre principalement dans la région centrale ; Jean Laborde l'utilisait pour la fabrication d'une belle porcelaine.

Deux carrières d'*ardoises* existent dans le district d'Ambositra.

Le *cristal de roche* abonde à Madagascar, mais il n'a pas une grande valeur marchande, car il se taille mal.

Les *pierres précieuses* que l'on a trouvées jusqu'ici à Madagascar sont : les rubis, les émeraudes, les saphirs, les topazes, les agathes et surtout les améthystes et les grenats. Leur coloration défectueuse en diminue la valeur. Mais, étant donné que Madagascar possède des terrains éruptifs, on y trouvera certainement, par des prospections minutieuses, des échantillons de prix.

Le Muséum d'Histoire Naturelle de Paris possède une collection de ces pierres.

Sources minérales. — Nous avons déjà dit un mot des sources minérales de Madagascar, quand nous avons parlé de la constitution du sol de l'île. Nous avons vu que l'existence de ces sources est intimement liée à celle des éruptions volcaniques et qu'on les rencontre dans les parties de l'île où eurent lieu ces éruptions.

Elles sont fort nombreuses à Madagascar et seront précieuses pour les Européens fatigués par le séjour sur les côtes.

La plus connue d'entre elles est celle d'Antsirabé, sur la route de Tananarive à Fianarantsoa. Vingt-et-une maisons de

bains ont été installées et l'eau destinée à la consommation
est recueillie dans un établissement spécial.

Cette eau, dont la température varie entre 36 et 42' est très
riche en principes alcalins et rappelle, par sa composition
chimique l'eau de Vichy (Grande-Grille).

De l'exposé que nous venons de faire des productions de
Madagascar, nous pouvons conclure que la richesse de notre
colonie ne réside pas dans son sous-sol. Elle possède de l'or,
mais pas en telle quantité que l'exploitation de ce métal précieux puisse être envisagée, quant à présent, comme rémunératrice des capitaux qui y seraient engagés. Elle possède du
fer, mais on ne peut le traiter, faute de houille.

Madagascar est et restera un pays agricole et d'élevage. Ses
troupeaux de bœufs sont nombreux ; ils le seront davantage
dans un avenir prochain et leur race sera améliorée. Si le
sol de l'île n'est pas d'une richesse merveilleuse, en revanche
il a une bonne valeur moyenne et possède l'avantage appré-
ciable de se prêter à des exploitations très variées ; sur les
côtes, les riches cultures tropicales sont tout indiquées ; sur
les plateaux, les espèces vivrières pousseront parfaitement
dans un sol que la chaux aura amendé artificiellement. Dans
l'Imerina et le Betsiléo, où l'Européen peut s'acclimater en
toute facilité, nos compatriotes pourront s'installer à peu de
frais, commencer modestement la mise en valeur de concessions de peu d'importance et approvisionner en denrées de
consommation journalière les marchés des grands centres.

Sur les côtes, de gros capitaux pourront être engagés dans
les cultures riches qui demandent du colon de lourds sacrifices avant qu'il puisse songer à tirer profit de sa concession.

Nos capitaux qui longtemps ont fui les entreprises coloniales, sont aujourd'hui moins timides et se portent vers Madagascar avec un empressement de bon augure. Nous allons à

brève échéance assister à l'établissement dans la colonie de grandes sociétés qui ont assumé la tâche de mettre en valeur de vastes territoires aujourd'hui inoccupés.

Ces sociétés auront à vaincre de grosses difficultés à leurs débuts, mais l'Administration, présidée par le général Galliéni et les fonctionnaires formés à son école leur faciliteront la tâche ardue qu'elles ont acceptée. Elles sont assurées notamment de l'assistance nécessaire pour trouver à l'avenir dans la colonie, ou, s'il le faut, en dehors de Madagascar, la main-d'œuvre indigène qui a si souvent fait défaut à nos colons.

CHAPITRE IV

Industrie

L'industrie malgache n'a jamais été très importante. Les populations des côtes, en relation depuis fort longtemps avec les étrangers — dit le général Galliéni dans son rapport d'ensemble, — recevaient de ceux-ci les ustensiles de ménage et les quelques instruments nécessaires à leur subsistance. Les richesses naturelles du pays, en effet, la fertilité du sol, leur indolence ne les ont pas poussés à recourir à l'industrie pour transformer les matières premières. Leur industrie était bornée à la confection de quelques rabannes pour l'habillement et à la fabrication du *toaka* (jus de canne distillé) ou simplement de la *betsabetsa* (jus de canne fermenté) dont ils font grand usage.

Il n'en a pas été de même pour les populations des régions centrales. L'aridité de la plus grande partie du sol, les aptitudes particulières de la race conquérante ont été la cause de la naissance de diverses industries. C'est ainsi que les Hovas se sont adonnés à la fabrication du savon, des rabannes fines, des tissus de coton et de soie, des instruments en corne, de la poterie. Il est juste de faire remarquer la part qui revient à Jean Laborde dans cette initiative industrieuse ; c'est grâce à ses conseils et sous sa direction que les Hovas sont parvenus à fournir d'assez bons ouvriers dans le travail des métaux et dans le bâtiment.

Industries actuelles

Industrie forestière. — Il y a eu, sous l'ancienne monarchie malgache, un certain nombre de corporations dont la plus importante était celle des bûcherons. Celle-ci avait pris un développement considérable; il paraît que sous Radama Ier elle ne comptait pas moins de 700 bûcherons qui se livraient à l'exploitation de la forêt, à la lisière orientale de l'Imérina, pour approvisionner la capitale de bois de toutes sortes. Cette industrie s'est développée depuis notre occupation, mais elle a été l'objet d'une règlementation asssez sévère, qui, comme nous l'avons dit plus haut, trouve sa justification dans la nécessité de protéger les massifs forestiers de Madagascar et d'empêcher leur destruction. (1).

Une industrie qui découle immédiatement de l'exploitation forestière est l'industrie charbonnière. Depuis que Jean Laborde a appris aux Hovas la fabrication du charbon, ils ont donné à cette industrie un assez grand développement en vue de la fonte et de la forge du fer.

Lors de la campagne de 1895, l'industrie séricicole était déjà parvenue à un bel état de prospérité. C'est surtout en Imérina et dans le Betsiléo que les Hovas se livrent à cette industrie, grâce à l'abondance des arbustes naturels, le tapia et l'ambrevade, sur lesquels se nourrit et prospère le bombyx; d'autre part, le gouverneur général a prescrit aux habitants de certaines régions l'obligation de planter chaque année un pied de mûrier; quand les perfectionnements européens de la

---

(1) Voir dans le *Journal officiel* de la République française à la date du 20 février 1900 un décret portant réglemention de la concession des forêts à Madagascar.

sériciculture se seront propagés à Madagascar, tout donne lieu de croire que cette industrie prendra un développement considérable, en même temps que s'organisera l'exploitation de la soie d'araignée. Il existe en effet deux espèces d'arachnides qui secrètent une très belle soie.

Tissage. — L'industrie du tissage, qui est fort ancienne dans

Betsimisaraka tressant une natte

la grande île, est aujourd'hui très prospère. Les indigènes tissaient autrefois des *lambas* d'une souplesse et d'un fini extraordinaires qu'on ne parvient pas à imiter aujourd'hui. Les lambas de soie sont tissés principalement en Imérina par les castes nobles des Andrianamboninolona et des Andriandranando. Dans le Betsiléo on tisse beaucoup de lambas de coton et de chanvre. Quoique le coton vienne bien à Madagascar, les indigènes ont abandonné l'industrie cotonnière ; cet abandon est dû au bas prix des cotonnades que les Américains importaient. L'industrie des *rabannes* (étoffe tissée

avec la fibre du rafia) a été avant la guerre assez pratiquée ;
elle semble reprendre aujourd'hui ; on a installé à Fihaonana
des ateliers de fabrication. Ce sont surtout les Betsimisarakas
qui se livrent à cette industrie ; les rabannes constituent principalement des vêtements de fatigue.

Dentelles. — L'industrie des dentelles a été enseignée aux
indigènes par les Sœurs et par les représentants des missions
anglaises. C'est à Tananarive et dans les environs que les indigènes cultivent cette industrie. Sous la direction des Sœurs,
ils étaient parvenus à fabriquer de très belles dentelles. Cette
industrie a repris un nouvel essor depuis notre occupation.

Sucre. — Les indigènes traitent la canne à sucre et en ob-
tiennent des produits de qualité inférieure (sucre et rhum) qui
sont destinés à leur consommation personnelle.

Ils fabriquent, surtout en Imérina et en Betsileo, du saindoux ;
quant à l'huile, quoique Madagascar produise un grand nom-
ibre de plantes oléagineuses, elle n'est pas fabriquée par les
ndigène s.

Bâtiment. — L'industrie du bâtiment a été développée . Il
existait en effet une corporation de menuisiers-charpentiers,
auxquels le charpentier français Legros avait appris les éléments de son art ; on voit en ce moment se réaliser les grandes
espérances fondées sur l'Ecole professionnelle établie à Tananarive par le général Galliéni. L'Exposition de Madagascar va
mettre en évidence quelques-uns des résultats obtenus dans
cet enseignement pratique, improvisé depuis la conquête, et
qui donne déjà des élèves en état de fabriquer un mobilier
d'art en marqueterie de bois du pays et en cuir repoussé, des
poteries, etc...

Métallurgie. — Jean Laborde avait appris aux indigènes,
de 1835 à 1860, à fondre le minerai de fer et à fabriquer les objets de première nécessité. Cette industtrie méallurgique n'a

Betsimisaraka tissant une rabanne

jamais cessé depuis en Imérina. Dans le sud de l'île (province de Fort-Dauphin) certaines peuplades connaissent le travail rudimentaire du fer.

Tuileries. — Les Hovas savent fabriquer des tuiles qui ne sont pas d'une très bonne qualité, parce qu'ils se bornent à les faire sécher au soleil. Partout on fabrique de la poterie.

Savonnerie. — Teinturerie. — Les indigènes se livrent aussi à la fabrication du savon. Une autre industrie plus importante est celle de la teinturerie ; Madagascar abonde en plantes tinctoriales. L'industrie de la pausserie a toujours été très développée ; dans les dernières années avant notre occupation le chiffre des peaux exportées s'élevait à un demi-million. Cette industrie a été fort diminuée à l'intérieur par suite de la difficulté des transports. Sur le littoral, au contraire, ce commerce n'a pas diminué ; cela s'explique, puisque rien n'était plus facile que de s'approvisionner à Tamatave, Diégo-Suarez, Majunga, Andevorante.

Tannerie. — La tannerie avait été autrefois très florissante, grâce à Jean Laborde, qui avait appris certains perfectionnements aux indigènes. Depuis les Hovas sont revenus à leurs anciens errements.

On le voit, l'industrie malgache sans être très importante n'est pas à daidaigner. Elle fera des progrès, grâce à l'Ecole professionnelle instituée par le général Galliéni et aux ateliers manuels où les indigènes apprendront à perfectionner leurs procédés. Il n'est cependant pas à craindre qu'elle fasse d'ici longtemps concurrence au travail métropolitain. Madagascar, pays essentiellement agricole, aura nécessairement recours dans une large mesure à la production industrielle de la mère-patrie.

Industries à développer

Ce n'est pas à dire toutefois que l'industrie à Madagascar doive rester dans l'état que nous venons de décrire et se borner à suffire aux besoins de la consommation locale. Les res-

Femmes Hova faisant de la dentelle

sources de notre nouvelle colonie en minéraux, végétaux et animaux, la richesse du sol doivent donner naissance à quelques industries spéciales qui assureront son avenir économique. L'établissement et la création de ces industries seront grandement facilités par l'exécution de voies de communication (voies ferrées, chemins carrossables, canaux) qui n'existent actuellement que pour les besoins des services militaires. L'industrie trouvera à Madagascar de nombreux agents physiques.

Or. — Faut-il conseiller l'exploitation de l'or avec un matériel perfectionné ? Il semble que ce serait imprudent. S'il existe en effet partout de l'or dans l'île, ce n'est qu'en petite quantité qui ne suffirait pas à donner de sérieux bénéfices. D'ailleurs c'est une industrie qui demande une main-d'œuvre considérable.

Fer. — Le fer, on l'a vu, existe en grande quantité à Madagascar. Toutefois on ne saurait conseiller actuellement encore la création de grands établissements métallurgiques. Mais l'industrie de la forge et de la fonderie est certainement pleine d'avenir quand il y aura des voies de communication rapides. Un industriel serait certain de faire aujourd'hui des bénéfices considérables en installant une fonderie pour la confection des outils de culture. La richesse et l'abondance du minerai dans la région des environs de Nossi-Bé, sur l'Ikopa, où il y a des chutes d'eau nombreuses, et la forêt à proximité, semblent montrer que cette industrie prendra un grand développement.

Briques. — *Tuiles*. — Les Hovas ne fabriquent que des tuiles et des briques crues ; celles qui sont fabriquées au four et à la presse sont d'une qualité notablement supérieure. Déjà quelques industriels ont fait venir de France des presses qui donnent à la brique et à la tuile une solidité remarquable. Ils ont pu fournir ainsi au service des bâtiments civils plusieurs milliers de tuiles. Il est vrai que la rareté du combustible élève le prix des tuiles à Tananarive et à Fianarantsoa. Il est certain que les nombreux gisements de bonne terre à brique situés dans la région côtière et dans la région

centrale donneront un bel avenir à cette industrie quand les
voies de communication seront construites.

Les matières premières nécessaires aux industries de la
poterie, de la faience, de la porcelaine abondent dans le

Potier Betsimisaraka

Bouéni et la région centrale. Les essais de Jean Laborde
montrent qu'il y a là une industrie à tenter et qui est pleine
d'avenir.

De même la verrerie peut être pratiquée dans la grande île,
qui peut fournir les matières premières, mais elle nécessite

7

de tels frais d'installation, de matériel, d'exploitation qu'il
serait peu prudent de la tenter dès maintenant.

Industrie forestière. — L'industrie forestière est à créer ;
il n'existe pas encore de grande exploitation sérieuse des
massifs forestiers avec le matériel nécessaire. Cette industrie
procurera des bénéfices sérieux aux colons qui l'entrepren-
dront. Madagascar est extrêmement riche en essences, en
bois précieux, en bois durs, que la menuiserie, la charpente,
l'ébénisterie pourront facilement utiliser, mais leur diffusion
est subordonnée à l'exploitation méthodique des massifs forestiers. Les nombreux cours d'eau de l'île fourniront, sur
bien des points, des voies de pénétration. Déjà l'exploitation
du massif forestier qui est voisin de la baie d'Antongil
donne de très beaux résultats. L'ébène et l'acajou de Madagascar sont très recherchés. Sur la côte ouest, le commerce de
bois d'ébène à destination de Hambourg et de la France
donne lieu à une sortie mensuelle de 10 tonnes. Les acajous
de Madagascar font prime sur le marché de New-York. Certains bois légers seront demandés dans l'Afrique du Sud pour
le boisage des mines et pour les traverses de chemins de fer.

Soie. — L'industrie séricicole, qui est fort en faveur auprès des indigènes, est appelée à un grand essor. La landibé,
auquel on appliquera les procédés perfectionnés d'alimentation et de préparation, pourra lutter très avantageusement
avec les produits des autres pays. Le climat de la région centrale est favorable au mûrier et au bombyx. Le soie d'araignée pourra donner naissance à une industrie importante, si
l'on en juge par les résultats. Les essais comparatifs de résistance ont établi la supériorité de cette dernière soie sur
la soie de cocon. L'araignée qui donne ce produit de premier
ordre est très commune à Madagascar.

Conserves de Viandes. — Madagascar, pays d'élevage qui
peut nourrir d'immenses quantités de bétail, est assuré de

Usine à sucre l' « Avenir ». — Tamatave

trouver sous ce rapport des débouchés considérables. En effet, la production de la France en viande de boucherie est insuffisante ; aussi importe-t-elle des animaux vivants d'Italie, de l'Allemagne, de la Belgique ; les viandes congelées et les salaisons lui viennent d'Amérique. Or il semble que la métropole pourrait demander cet élément à Madagascar. C'est là en effet une industrie qui doit prendre un grand développement. Sur les côtes, les frais seraient assez peu considérables pour le transport du matériel et de l'outillage nécessaires. Cependant plusieurs compagnies ont déjà fait des essais qui n'ont pas été couronnés par le succès. Peut-être faut-il attribuer, en partie ces déceptions à l'absence d'une reproduction proportionnée aux nécessités d'une consommation qui absorberait en peu de temps les ressources les plus étendues, si elles ne se renouvelaient pas dans des proportions équivalentes.

La fabrication des conserves de viande est donc subordonnée au développement de l'élevage, dont l'extension aura d'ailleurs fort à faire pour suffire aux demandes de bétail vivant pour l'Afrique du sud, dont les besoins grandissent de jour en jour.

Tannerie. — L'industrie de la tannerie trouve des conditions excellentes de développement à Madagascar. Les peaux de bœufs y sont excellentes : celles de moutons y sont supérieures à celle du mouton français. La température ambiante permet aussi de préparer les peaux plus rapidement qu'en France. Ajoutez que Madagascar produit de nombreuses essences à tannin.

Amidon. — Madagascar pourra fournir de sérieux bénéfices à qui exploitera le manioc pour en tirer l'amidon, si l'on en juge par la production en amidon de la Réunion. Au Havre on paye au comptant 23 et 25 francs les 100 kilos d'amidon. Or Madagascar a une étendue bien supérieure à celle de la Réunion. L'exploitation du manioc peut donner lieu à une autre fabrication importante, celle du tapioca.

Industrie sucrière. — Au moment où les sucres coloniaux ne trouvent plus de débouchés, il peut paraître singulier d'en conseiller la fabrication à Madagascar. Cependant un colon qui voudrait fournir le sucre destiné à la consommation locale de l'île réaliserait vraisemblablement des bénéfices, parce que le sucre malgache est de mauvaise qualité; celui que consomment les Européens provient de l'importation.

Savonnerie. — Le savon indigène est de mauvaise qualité et se vend cher. C'est une industrie à créer. La fabrication des bougies, dont on use en quantité considérable à Tananarive, peut donner des bénéfices à qui l'entreprendra. De même pour les allumettes, qui proviennent d'Allemagne et du Japon.

Parfumerie. — L'industrie de la parfumerie est assurée de trouver un développement dans l'île. En effet, les matières premières y abondent. La rose en particulier qui vient très bien dans la région centrale, le géranium odorant, ainsi que d'autres plantes, offrent des ressources avantageuses.

Telles sont les principales industries qui auraient chance de se développer profitablement à Madagascar, en fournissant sur place à nos colons tous les éléments d'un confortable pour le moins aussi nécessaire et aussi apprécié dans leurs résidences lointaines que dans le train de la vie casanière des grandes cités métropolitaines.

CHAPITRE V

Commerce

La conquête d'une colonie est toujours suivie d'une période plus ou moins longue pendant laquelle le mouvement économique du pays semble suspendu. Les indigènes ont souvent abandonné leurs cultures, les commerçants européens ne trouvent plus à placer leurs produits, les transactions sont arrêtées.

Madagascar n'a pas échappé à cette loi, dont les effets ont été d'autant plus pénibles pour elle qu'à la conquête proprement dite, terminée par la prise de Tananarive, a succédé la campagne de répression du soulèvement qui, sur certains points, s'est prolongée jusqu'à ces derniers temps. L'occupation de l'extrémité Sud de l'île n'est pas encore accomplie à l'heure où nous sommes.

Cependant, notre jeune colonie, grâce à ses ressources, grâce aux efforts d'une administration qui a su les utiliser, est promptement sortie d'une crise qui aurait pu lui être fatale et sa prospérité économique est aujourd'hui assurée.

Commerce extérieur

En 1896, première année de notre occupation, les importations s'étant élevées au chiffre de 13,987,931 fr. 11, et les exportations au chiffre de 3,605,951 fr. 60 ; l'activité commerciale de la grande Ile était bien peu importante. Aussi le général Galliéni s'appliqua-t-il, par tous les moyens en son pouvoir, à provoquer les échanges entre la colonie et l'Europe.

Il pensa que, tout d'abord, il fallait faire connaître dans la Métropole les ressources de Madagascar, indiquer à nos commerçants les débouchés qu'ils pouvaient y trouver pour leurs produits, faciliter l'écoulement de ces produits, en même temps que la propagation au dehors des produits du sol malgache.

Une série de mesures assurèrent la réalisation de ce plan.

Le général Galliéni se mit directement en rapports avec les colons de l'île pour connaître leurs désirs et au besoin leur demander des conseils ; il créa des Chambres consultatives dans les centres importants et leur soumit les questions relatives au commerce de la colonie, il répondit avec empressement à toutes les demandes de renseignements que lui envoyèrent les Chambres de commerce de la métropole.

Par arrêté du 3 mars 1897, il décida l'établissement à Tananarive d'un musée commercial où figurèrent, en même temps que des échantillons des produits de l'île, des spécimens des marchandises que celle-ci peut demander à la métropole.

Un décret du 27 juillet 1898 a créé à Tamatave des magasins généraux à l'usage d'entrepôt réel et nos commerçants peuvent ainsi n'acquitter les droits de douane et de consommation qu'au fur et à mesure de l'écoulement de leurs produits. D'autres magasins seront bientôt créés dans les principaux centres commerciaux de l'île.

La législation forestière, comme nous l'avons vu plus haut, dans la troisième partie de cette notice, est très sévère et sa sévérité se justifie par la nécessité d'empêcher le déboisement de l'île. Elle stipule notamment que l'enlèvement de tous produits des forêts ne peut avoir lieu sans autorisation. Cette disposition eût vraisemblablement anéanti le commerce d'exportation de l'île qui consiste, pour une grande partie, dans la vente par les indigènes aux maisons européennes du caoutchouc, de la cire, du rafia, du crin végétal, de la gomme copal. Le général Galliéni recommanda aux autorités placées sous

ses ordres d'apporter, dans la pratique, des tempéraments à la
la législation en vigueur et d'autoriser, par exemple, les indigènes à se livrer, comme par le passé, à ce trafic, tout en le
surveillant étroitement, en veillant à la conservation des
massifs forestiers, dont les habitants des villages seraient
rendus solidairement responsables.

Par une circulaire du 27 mars 1898, le gouverneur général
interdit aux indigènes de détailler les bœufs et les porcs en lais-
santla peau adhérente aux morceaux. Cette mesure est
curieuse en elle-même ; elle est aussi très sage. Elle eût pour
effet immédiat de donner à l'importation des peaux une
importance qu'elle avait depuis longtemps perdue.

Commerce intérieur

Cet esprit d'initiative, auquel nous devons les mesures qui
donnèrent au commerce extérieur de Madagascar un essor
tout nouveau pour elle, dont les statistiques placées la fin de
cette parti font foi, le général Galliéni l'appliqua au commerce
intérieur de l'île.

Tout d'abord, il prescrit la reconstitution des marchés indigènes détruits pendant la guerre et l'insurrection. Il assure
la sécurité des routes et chemins qui conduisent à ces marchés
et les relient entre eux. Il fait réparer les anciennes voies de
communication, les fait améliorer, en crée de nouvelles. Le
plateau central, l'Imérina en particulier, est sillonné de routes
parfois carrossables, comme la route de Tananarive à
Ankazobé, toujours sûres et bien entretenues.

Le peuple de l'île le plus commerçant est, sans contredit,
le peuple hova qui, avant la guerre, envoyait des colonies de
trafiquants sur les côtes. Ces trafiquants étaient protégés, en
dehors de l'Imérina, par les gouverneurs hovas des provinces.
Après la guerre et après la substitution aux anciens gouverneurs de gouverneurs pris dans le pays même qu'ils avaient à

administrer, les commerçants issus du plateau y rentrèrent.
Le commerce de l'île en souffrit beaucoup, car ils servaient
d'intermédiaires entre les Européens et les petits trafiquants
ou acheteurs de l'intérieur.

Le général Galliéni voulut utiliser les aptitudes au négoce
manifestées par les Hovas. Il les encouragea à s'établir à nouveau sur les côtes, leur permit de se faire accompagner de leur
famille.

Poids et mesures. — Dès 1897, le système métrique français
fut substitué dans l'île aux poids et mesures malgaches, qui
étaient très variables et constituaient une gêne pour les transactions. Ainsi, il n'y avait pas de poids proprement dits,
mais seulement des poids monétaires correspondant à des
subdivisions de l'ancienne piastre mexicaine qui pesait
27 grammes.

Pour les marchandises denses, l'unité de poids était la livre
anglaise. Les mesures de longueur étaient : le pied anglais,
le yard, le mille, le mètre, le kilomètre, la brasse (1m82), la
1/2 brasse (0,91). La mesure de capacité était le « vala », de
19 litres environ.

Aujourd'hui, le système décimal est en usage à Madagascar.

Monnaies. — Avant l'annexion, les transactions s'opéraient
soit par échange de produits, soit au moyen de la monnaie
coupée. Cette dernière était constituée par des fragments de
pièces d'argent de l'Union latine ou de piastres mexicaines.
Les indigènes portaient sur eux une petite balance et pesaient
les fragments qui leur étaient remis en paiement. La France
importa dans sa colonie des pièces divisionnaires qui furent
si bien accueillies que la monnaie coupée subit une forte
dépréciation qui s'accentua le jour où les caisses publiques
durent n'accepter que des pièces non fragmentées. Une quantité d'argent, dont la valeur peut être estimée approximative-
ment à cinq millions, se trouva subitement immobilisée sans

être remplacée par aucune autre monnaie. Une crise, dont les conséquences furent des plus fâcheuses, se produisit au cours de l'année 1898 et elle vient seulement de prendre fin. La monnaie coupée est aujourd'hui retirée de la circulation et remplacée par de la monnaie française.

Mesures prises en vue de favoriser le commerce français à Madagascar

Dans certaines colonies européennes, telles que les Philippines, l'immigration de commerçants asiatiques a placé dans des conditions très désavantageuses le commerce des nations occidentales. Ceci s'explique aisément : le Chinois et l'Indou vivent à peu de frais, peuvent vendre très bon marché et attirer à eux toute la clientèle. Les colonies anglaises comme l'Australie et la Nouvelle-Zélande ont rendu le séjour de leur territoire presque impossible aux Chinois. L'administration de Madagascar s'est contentée de les frapper de taxes de séjour assez fortes pour leur retirer l'avantage considérable que leur donnaient, relativement à nos commerçants, les conditions de leur existence. Chinois et Indous sont astreints au paiement d'une taxe de séjour comportant un droit fixe annuel de vingt-cinq francs et un droit proportionnel qui peut s'élever à 1,000 francs pour les patentables hors classe et de première classe.

Les Asiatiques sont groupés, dans chaque province, en congrégations responsables de l'exactitude de leurs membres à s'acquitter de leurs obligations pécuniaires envers le trésor local.

Cette réglementation a eu pour effet d'enrayer le mouvement d'immigration indoue et chinoise dans la grande Ile.

Le gouverneur général usa de moyens plus directs pour faciliter l'écoulement des produits français à Madagascar et faire apprécier ceux-ci de la population indigène qui, depuis longtemps avait coutume d'acheter des marchandises d'origine étrangère. Il commença par exempter temporairement du droit de place les colporteurs qui apportaient sur les marchés des produits français, Puis, aussitôt que les industriels français se furent décidés à confectionner des tissus conformes aux goûts des indigènes, il fit une réclame à ces tissus dans le journal officiel malgache le *Vaovao*. Il recommanda aux indigènes d'acheter de préférence des produits français et de témoigner ainsi leur attachement à leur nouvelle patrie. Ce faisant, il n'outrepassait pas ses droits, d'autant plus qu'il prenait la précaution de bien faire connaître aux indigènes que leur liberté était entière et qu'ils pouvaient acheter aux étrangers aussi bien qu'aux Français.

Ces mesures, si utiles qu'elles fussent, n'auraient pas suffi à évincer les commerçants anglais et américains d'un marché dont ils étaient les maîtres incontestés.

Seul un régime douanier protecteur pouvait arriver à ce résultat.

Il est permis de discuter le principe en vertu duquel on établit des barrières contre les produits de l'étranger. Il n'en est pas moins vrai que si l'on veut qu'une colonie dont la conquête a coûté fort cher profite à ceux qui s'y sont établis, il faut leur assurer une situation privilégiée au point de vue commercial.

Cette situation privilégiée a été donnée, en ce qui concerne Madagascar, à nos commerçants, tout d'abord par la loi du 16 avril 1897, qui a remplacé l'ancien droit de 10 0/0 *ad valorem* sur toutes les marchandises importées, par le tarif douanier métropolitain annexé à la loi du 11 ianvier 1892, puis par les décrets des 28 juillet 1897 et 31 mai 1898, portant exception au tarif général des douanes en ce qui concerne les produits étrangers importés dans la colonie.

Le premier de ces deux décrets frappait, à leur entrée dans la grande Ile, les produits étrangers de droits de douane qu'une lecture du tableau ci-après fera juger très élevés et qui, cependant, ne suffisaient pas à protéger comme il était à souhaiter, le commerce français.

Le décret du 31 mai 1898 éleva fortement ces droits et son application consacra la prise de possession du marché de Madascar par nos commerçants.

Nous donnons ici le tarif des droits imposés au principal article d'exportation étrangère, les tissus de coton, par le décret du 28 juillet 1897, aujourd'hui abrogé, et par le décret du 31 mai 1898, actuellement en vigueur :

ANCIEN TARIF

XXXII. — TISSUS DE COTONS ET COUTILS.		
Tissus de coton pur, unis, croisés et coutils écrus présentant en chaîne et en trame (a) dans un carré de 5 millimètres de côté ceux, pesant :		
13 kilogr. et plus les 100 ⟨27 fils et moins	110 kilogr.	62 »
mètres carrés............ ⟨28 fils et plus...	Id.	97 ₄
11 kilogr. inclusivement ⟨27 fils et moins..... .	Id.	70 »
à 13 kilogr. exclusivement ⟨28 fils et plus....... .	Id.	108 »
9 kilogr. inclusivement ⟨27 fils et moins.......	Id.	90 »
à 11 kilogr. exclusivement. ⟨28 fils et plus.........	Id.	140 »
7 kilogr. inclusivement. ⟨27 fils et moins..	Id.	107 »
à 9 kilogr. exclusivement. ⟨28 fils et plus	Id.	175 »
5 kilogr. inclusivement ⟨27 fils et moins.......	Id.	129 »
à 7 kilogr. exclusivement. ⟨28 fils et plus	Id.	212 »
3 kilogr. inclusivement ⟨27 fils et moins.......	Id.	230 »
à 5 kilogr. exclusivement. ⟨28 fils et plus	Id.	399 »
Moins de 3 kilogr. les 100 mètres carrés	Id.	620 »
405. — Tissus de coton pur, unis, croisés et coutils blanchis.....................	Droit du tissu écru augmenté de la surtaxe de blanchiment inscrite au tarif minimum de la métropole.	
406. — Tissus de coton pur, unis, croisés et coutils teints	Droit du tissu écru augmenté de la surtaxe de teinture inscrite au tarif minimum de la métropole.	
407. — Tissus de coton pur, unis, croisés et coutils imprimés..................	Droit du tissu écru augmenté de la surface d'impression inscrite au tarif minimum de la métropole.	

TARIF ACTUEL

XXXII. — TISSUS DE COTONS ET COUTILS.		
Tissus de coton pur, unis, croisés, et coutils écrus, présentant en chaine et en trame (a) dans un carré de 5 millimètres de côté, ceux pesant :		
13 kilogr. et plus les 100 mètres 35 fils et moins.	100 kilogr.	77 »
carrés 36 fils et plus..	Id.	118 »
11 kilogr. inclusivement à 13 kilogr. 35 fils et moins.	Id.	87 »
exclusivement 36 fils et plus..	Id.	131 »
9 kilogr. inclusivement à 11 kilogr. 35 fils et moins.	Id.	111 »
exclusivement 36 fils et plus..	Id.	172 »
7 kilogr. inclusivement à 9 kilogr. 35 fils et moins.	Id.	131 »
exclusivement 36 fils et plus..	Id.	230 »
5 kilogr. inclusivement à 7 kilogr. 35 fils et moins.	Id.	139 »
exclusivement 35 fils et plus..	Id.	300 »
3 kilogr. inclusivement à 5 kilogr. 35 fils et moins.	Id.	287 »
exclusivement 36 fils et plus..	Id.	550 »
Moins de 3 kilogr. les 100 mètres carrés	Id.	820 »
405. — Tissus de coton pur, unis, croisés et coutils blanchis	Droit du tissu écru augmenté de la surtaxe de blanchissement inscrite au tarif minimum de la métropole.	
406. — Tissus de coton pur, unis, croisés et coutils teints	Droit du tissu écru augmenté de la surtaxe de teinture inscrite au tarif minimum de la métropole.	
407. — Tissus de coton pur, unis, croisés et coutils imprimés	Droit du tissu écru augmenté de la surface d'impression inscrite au tarif minimum de la métropole.	

Grâce à ces actes législatifs, le commerce national a acquis dans la grande île une situation prépondérante. On peut aisément s'en convaincre par un examen des statistiques ci-jointes et des explications qui les accompagnent à titre d'éclaircissement :

VALEURS

DÉSIGNATION	1890	1896	1897	1898
Importations..	5.597.259 11	13.987 931 11	18.358.918 »	21.641.000 »
Exportations..	3.741.354 28	3.605.951 66	4.842.432 »	4.960.000 »
TOTAUX..	9.338.613 39	17.593.882 71	22.701.350 »	26.601.000 »

PRINCIPALES IMPORTATIONS

DÉSIGNATION DES PRODUITS	IMPORTATIONS GENERALES		IMPORTATIONS de la FRANCE	
	1896	1898	1896	1898
Tissus divers	7.020 000	8.513.521	1 830.333	6.246.000
Boissons alcooliques.......	1.535.690	2.701.669	810.426	1.979.000
Vins..	431.980	1.429.434	395 502	1 411.000
Farines.................	247 807	422.904	103.463	331.000
Tabacs, Cigares, Cigarettes	141.093	127 910	134.367	124.000
Sucre raffiné....	39.333	247.035	3.841	245.000
Bougies...	25.824	97.951	24.180	97.000

Il résulte des deux tableaux qui précèdent, qu'en 1898, sur un total de 21,641,000 fr., montant des marchandisés importées à Madagascar, 16,168,000 fr. ont été fournis par la France ou les colonies françaises, représentant, par rapport à l'année 1897, une augmentation de 1,766,194 fr.. alors que les marchandises étrangères expédiées dans la colonie, pendant cette même année 1898, atteignent une valeur de 5.173,000 [seulement, en diminution de 7,957,112 fr.

Le commerce d'exportation n'a pas progressé avec la même rapidité que le commerce d'importation, et nous ne pouvons nous en étonner. Cependant le tableau suivant permettra de constater une meilleure utilisation commerciale des produits de la grande île.

PRINCIPALES EXPORTATIONS
Exportations générales

DÉSIGNATION des produits	1896		1897		1898	
	Quantités	Valeur	Quantités	Valeur	Quantités	Valeur
Bœufs vivants.. ..	10.169 t.	407 196 »	12 456t	547.335 »	14.268t	653.604
Bois	—	76 262 27	—	77.581 »	941 265k	180 460
Caoutchouc	403.770k08	1.325.329 53	334 393	1.104.200 »	808 329k	1.282 478
Lin............	191.066k05	300.364 »	200.464	502 881 60	167.600	882 725
Conserves de viande	16.115k »	3.758 »	110 345	49 581 »	766.761	264 717
Or..	Indicat. manquent	112 206 85	—	28.316 »	380k107	346 137
Peaux.....	160.000 p.	508 913 »	78 000p	430.368 90	65.223p	437 425
Rafia...........	1.584.558k70	684.273 20	1.062.207k	543 334 »	1 207.258k	561.200
Vanille...	1.050k »	59.093 »	3.783k	171.965 »	3.724k	113.495

EXPORTATIONS EN FRANCE ET AUX COLONIES FRANÇAISES

DÉSIGNATION DES PRODUITS	1896		1897		1898	
	Quantités	Valeur	Quantité	Valeur	Quantités	Valeur
Bœufs vivants	5.422 t.	216.900 »	5 264 t.	222.720 »	3.447 t.	159.760 »
Bois.........	»	27.745 »	»	22.270 »	469.813 k	50.268 »
Caoutchouc..	50 000 k	163.862 78	79.795 k	262.273 50	99 457 k	470.241 »
Cire.........	22.635 k	36.280 »	45.736 k	114.801 55	67.447 k	140.739 »
Conserve de viande.	12.003 k	2.805 »	114.707 k	40 604 »	766.601 k	264.657 »
Or...........	»	89.750 83	»	167.389 »	202 k	344.410 »
Peaux.......	11.938 p	60.754 »	10 900 p	107 496 70	27.548 p	283.726 »
Rafia.	725 000 k	310.259 70	475.322 k	238 280 »	510.458 k	243.478 »
Vanille......	876 k	49.203 »	1.009 k	42.076 »	1 311 k	36.785 »

L'administration locale de Madagascar n'a pas encore établi les statistiques détaillées des exportations et des importations de la colonie pendant l'année qui vient de s'écouler. Cependant, elle a déjà pu fournir des renseignements généraux sur le commerce de l'île en 1899.

Les transactions s'y sont élevées à la somme de 36,650,011 fr. 16, supérieure de 9,362,545 fr. 37 au chiffre obtenu en 1898. L'augmentation la plus sensible est celle qui provient des exportations dont le chiffre atteint 8,645,441 fr. 48, supérieur de 3,070,812 fr. 81 aux résultats obtenus en 1898.

L'année dernière, le montant total des marchandises exportées ne dépassait que de 632,116 fr. 67 celui de 1897.

Il faut reconnaître que le commerce d'exportation de Madagascar est faible et qu'il n'est pas en rapport avec l'étendue et la richesse du pays. Mais ce qui peut nous rassurer complètement, c'est que ce commerce progresse au fur et à mesure que notre domination s'affermit dans l'île. Lorsque les colons et les grandes Sociétés de colonisation qui, actuellement, s'installent à Madagascar ou se préparent à y créer des établissements, auront mis en valeur le sort de la grande Ile, il leur faudra exporter leurs produits et nous assisterons à un développement considérable des échanges entre la métropole et la colonie.

La nécessité s'imposera alors à nos colons de chercher des débouchés à leurs produits et, vraisemblablement, ils ne se contenteront plus de les envoyer en Europe ou dans les colonies françaises, ils chercheront plus près d'eux des marchés où ils les transporteront à peu de frais. Déjà, de nombreuses têtes de bétail sont embarquées dans les ports du Nord de l'île à destination de Beira, de Lourenço-Marquez. Les bœufs manquent, en effet, dans l'Afrique du Sud, où de récentes épizooties ont causé les plus grands ravages.

Cette partie du continent africain jouit d'un climat tempéré qui permet à l Européen de s'acclimater facilement et d'y faire souche. La population blanche, déjà nombreuse dans la colonie du Cap, s'accroît avec une rapidité qu'explique la présence des mines d'or et de diamants dans la Rhodesia et au Transvaal. Le grand port de l'Afrique du Sud ne sera bientôt plus le Cap ; cet immense territoire aura ses fenêtres sur le canal de Mozambique, en face de Madagascar. A Lourenço-Marquès, à Beira, aboutiront les grandes voies commerciales, routes et chemins de fer qui porteront aux populations industrieuses du plateau sud-africain les denrées alimentaires dont elles auront besoin.

Tout porte à croire, en effet, que ces contrées ne seront pas, vant longtemps, en état de se suffire à elles-mêmes au point e vue de l'agriculture et de l'élevage.

Dès maintenant, Madagascar pourrait écouler ses produits sur les marchés du Sud de l'Afrique. Nos colons produisaient rop peu jusqu'à présent, pour sentir le besoin de se créer des débouchés nouveaux. Ils connaîtront ce besoin dans un avenir prochain et enverront alors sur la côte africaine leur riz, eurs bestiaux, leurs bois, leur manioc, leur café, leur cacao leur vanille, leurs mélasses, toutes denrées que le Sud-Africain

8

fait venir aujourd'hui à grands frais des colonies anglaises, des Antilles et de l'Inde.

Cette partie de l'Afrique est dépourvue de forêts et use cependant une quantité de bois qui devient de plus en plus considérable, au fur et à mesure que son réseau de chemins de fer et son industrie minière prennent une plus grande extension. Madagascar, riche en forêts, doit lui fournir les bois d'essence vulgaire nécessaires à la confection des traverses de chemins de fer et au boisage des mines.

En résumé, si Madagascar exporte peu, c'est qu'elle produit peu ; le jour où son sol sera mis en valeur de façon rationnelle par un colon, elle trouvera dans le voisinage l'utilisation des produits qu'elle n'aura pas besoin de consommer elle-même.

Il est à souhaiter que la présence, à proximité, d'un centre de population européenne doué d'une vitalité extrême dont témoigne l'augmentation même de son effectif, pousse nos compatriotes à s'en constituer les fournisseurs et fasse de Madagascar, contrée agricole par nature, le premier des pays miniers dont le sépare le canal de Mozambique et qui, en échange de ses productions vivrières, lui fournira de la houille pour ses ports, pour ses chemins de fer et pour les industries qui s'y développent.

CHAPITRE VI

Les travaux publics, les chemins de fer.

La mission incombant au service des travaux publics — dont le chef actuel est le lieutenant-colonel Roques, directeur du génie — prit, dès le lendemain de la conquête, une grande importance, dans un pays où tout était à créer et où l'ancien gouvernement hova avait empêché la construction des routes pour s'isoler des influences européennes.

D'autre part, l'exécution des travaux de toute nature rencontre à Madagascar des difficultés particulières causées, en grande partie, par les pluies, la rareté de la chaux et la pénurie de la main-d'œuvre.

Néanmoins, on a obtenu depuis l'occupation française des résultats considérables qui sont résumés ci-après.

Dans l'exposé qui suit, on examinera les diverses questions et les solutions qui leur ont été données dans l'ordre naturel où ces questions se présenteraient à l'esprit d'un voyageur arrivant de France et débarquant à Madagascar.

Phares et ports

Quelques phares avaient été construits dans nos anciennes possessions : Nossi-Bé, Sainte-Marie et Diégo-Suarez. Partout ailleurs la côte était obscure. C'était une source de préoccupations pour les marins, de dangers et de lenteurs pour la navigation.

Depuis l'occupation, le système d'éclairage de Diégo-Suarez a été complété et amélioré et, dès maintenant, les bateaux peuvent entrer de nuit dans la rade.

Deux phares ont été construits à Tamatave, et deux à Majunga. Un autre est en construction sur le cap d'Ambre, à la pointe septentrionale de l'île.

Le programme complet, qui est en cours de réalisation, comprend la construction de grands feux côtiers à Majunga et à Nossi-Bé, sur le cap N'Gontsy ou cap Est, sur les caps Saint-

Jetée et pêcheurs malgaches à Tamatave

Vincent et Saint-André. Des feux de moindre importance seront construits pour permettre l'entrée de nuit dans les principaux ports.

On s'est attaché à réduire le plus possible le nombre des phares et, à cet effet, au lieu d'indiquer les passes au moyen d'alignements donnés par deux feux, on a recours à des phares à secteurs diversement colorés qui projettent des faisceaux blancs dans les bonnes directions et couvrent les points dangereux par des feux convenus.

Vue de Helleville (Nossi-Bé)

La construction de véritables ports étant fort coûteuse, on se borne, pour le moment, à améliorer les moyens d'embarquement et de débarquement par la construction d'appontements ou wharfs perpendiculaires à la côte.

Il en existe deux à Tamatave.

Dans ce même port, une société privée en construit un autre, entièrement métallique, dont les éléments ont été fournis par les ateliers de Levallois-Perret.

A Majunga, un wharf métallique a été construit au moment de l'expédition.

A Diégo-Suarez, il en a été établi deux, dont un appartient à une compagnie de navigation et l'autre à l'administration.

En outre, il fut nécessaire d'exécuter des travaux spéciaux à Tamatave et à Majunga, pour protéger ces villes contre les érosions de la mer.

A Majunga, la pointe de sable qui protège la partie la plus intéressante de la ville, est constamment menacée par la mer, qui en modifie incessamment la forme.

En 1881, une largeur de 50 mètres de plage fut enlevée par la mer. Ce phénomène se renouvela avec la même violence en 1891. Le bâtiment occupé par la Résidence de France s'effondra ; on en aperçoit encore les ruines à une certaine distance du rivage. La mer, brisant en plusieurs points le cordon de sable, se répandit dans le lagon et dans une partie de la ville.

Vue générale de Majunga

Pour remédier à cette situation, on a adopté et exécuté un projet consistant à implanter dans l'estran des lignes de pieux, qui, en brisant le choc des lames, à l'aller et au retour, provoqueront le dépôt des matières en suspension.

En outre, on a protégé directement la crête de la dune par un ouvrage léger en pieux et moellons.

Ces mesures ont un caractère essentiellement provisoire, que seule justifie l'imminence du danger. Mais il sera nécessaire d'exécuter des travaux plus solides pour assurer une protection définitive.

Un phénomène de même nature se manifeste à Tamatave.

Pendant ces dernières années, l'érosion a peu progressé, mais il suffirait d'une reprise d'activité pour que les maisons qui s'étendent entre la rue du Commerce et la baie de Tamatave fussent en péril.

Le danger était aussi grave qu'à Majunga, mais il pouvait être plus facilement conjuré.

L'amplitude de la marée n'est, à Tamatave, que de 1m30 et l'estran n'a que quelques mètres de largeur. La surface à protéger est donc relativement restreinte.

Les travaux exécutés consistent dans l'établissement d'un ouvrage continu composé d'une digue en moellons de 5 mètres de largeur.

Travaux d'assainissement

Les populations primitives se soucient peu de l'hygiène et c'est, pour l'Européen transplanté au milieu d'elles, une des principales causes de maladie.

Toutes les villes de Madagascar sont, à cet égard, dans le même cas, mais c'est à Tamatave que cette situation a produit les résultats les plus fâcheux.

Les principales causes d'insalubrité sont :

1° L'agglomération excessive des habitants et le défaut d'aération des rues ;

2° Le défaut d'écoulement des eaux ;

3° La mauvaise qualité des eaux de consommation.

1° *Agglomération. Défaut d'aération.* — Le mot agglomération ne saurait s'appliquer aux maisons elles-mêmes. Celles-ci situées généralement dans les jardins, sont séparées les unes des autres. Elles sont, pour la plupart, à simple rez-de-chaussée. La proportion de la surface couverte à la surface totale est donc assez faible. Mais ces maisons, à l'exception de celles occupées par les Européens, sont mal construites. La toiture, et souvent les parois, sont en tôle ondulée, en débris de caisse d'embal-

Route de Tananarive à Tamatave

lage ou en paille ; pas de plafond, peu d'ouvertures. Une
chaleur torride règne dans ces intérieurs, où s'entassent
Indiens, Chinois, noirs et métis, aussi insouciants les uns que
les autres des règles de l'hygiène et de la propreté.

Les rues sont étroites et tortueuses. Les jardins eux-mêmes,
qui pourraient contribuer à l'agrément et à l'hygiène de la
ville, sont des facteurs d'insalubrité. Les arbres y sont beaucoup
trop serrés et leurs intervalles sont, le plus souvent, envahis
par une végétation sauvage, qui s'élève jusqu'aux branches et
forme obstacle à la circulation de l'air.

Pour remédier à cette situation, les règlements municipaux
ont déjà imposé diverses conditions pour la construction des
maisons particulières, et interdit les cases couvertes en
chaume. Celles-ci ne peuvent être bâties que dans le village
indigène, pour lequel un emplacement a été réservé à une
certaine distance de la ville.

Une Commission des logements insalubres veille activement
à l'application de ces règlements.

Un gros travail reste à faire : l'élargissement et l'aligne-
ment des rues.

Pendant son séjour à Tamatave, au mois de septembre 1898,
le général Gallieni examina cette question et décida de préle-
ver une somme de 100.000 francs sur le budget de la colonie
pour entreprendre ce travail.

Grâce à ce premier crédit, l'élargissement de la rue du Commerce et la construction de trottoirs dans cette rue sont en
cours d'exécution.

Les habitants ont cédé les terrains nécessaires, les uns
gratuitement, les autres à des conditions peu onéreuses.

2° *Défaut d'écoulement des eaux.* — Le terrain sur lequel
s'élève la ville de Tamatave est sablonneux, légèrement plissé
et son altitude au-dessus des plus hautes mers varie entre
trois et quatre mètres. Les maisons sont généralement cons-

Camp de prestataires. — Route de Tamatave à Tananarive

truites sur les crêtes des plissements. Les rues occupent les fonds.

A l'époque des grandes pluies, le plan d'eau s'élève et des flaques apparaissent dans les rues. Mélangées aux eaux ménagères, soumises à l'action intermittente d'un soleil ardent, et constamment agitées par le passage des piétons et des voitures, elles dégagent des émanations délétères.

Chantier de terrassement. — Route de Tamatave à Tananarive

La suppression de ces cloaques amènerait immédiatement une amélioration considérable de l'état sanitaire.

Il faudra aussi drainer ou combler certains marais voisins de la ville tels que le *Ranonandriana*, et le *Ranolava*.

Le *Manangarèze* lui-même, bien qu'ayant un caractère plus marqué de rivière, n'est le plus souvent qu'une série de marécages.

En un mot, il suffira de régulariser et de rendre continu le thalweg des principales dépressions pour assainir la campagne

Hôpital d'Isoavinanduana. — Pavillon de malades en construction

avoisinante. Les travaux sont terminés pour *Ranonandriana* et sont en cours d'exécution pour le *Ranolava*.

Il est donc facile et peu onéreux de supprimer les marécages qui avoisinent Tamatave.

Pour l'intérieur de la ville, la solution n'est pas plus malaisée. Mais elle est beaucoup plus coûteuse, car il faut en venir à la construction d'un réseau d'égouts.

Ce réseau s'impose à un autre point de vue.

La circulation dans les rues sablonneuses de Tamatave est excessivement pénible. Pour les piétons, on peut y remédier par des trottoirs; on les construit actuellement dans la rue du Commerce; mais tant que la chaussée restera ce qu'elle est, l'emploi des voitures sera à peu près impraticable.

Il faut donc se décider à macadamiser ou à paver les rues. Mais elles auront alors perdu leur perméabilité et, pour éviter d'inonder les maisons, il faudra recueillir les eaux dans des égouts placés sous la chausssée.

Une étude approfondie de la question a d'ailleurs montré que ce projet pourra être facilement exécuté.

3° *Mauvaise qualité des eaux de consommation.* — L'eau que l'on boit à Tamatave provient d'une nappe qui s'étend sous la ville, à peu de distance du sol.

Cette proximité même, qui facilite le mélange de l'eau avec les détritus et débris de toute sorte, est un danger sérieux, et si elle n'a pas amené un véritable empoisonnement de la ville, cela tient sans doute à l'abondance des pluies, qui renouvellent constamment la nappe souterraine.

Aussi, les années de grande sécheresse ont-elles toujours été funestes à Tamatave.

De grands progrès ont été réalisés, principalement par l'installation d'un service régulier de vidanges, mais il reste encore trop de causes d'infection pour que les habitants puissent boire sans danger l'eau qui gît à quelques pieds au-dessous d'eux.

Pour parer au danger, on a établi un projet d'adduction des eaux des affluents de l'Ivolina et de l'Ivondro. La consommation de ces eaux, qui descendent des montagnes et sont de qualité excellente fera certainement disparaître les causes de l'insalubrité actuelle de Tamatave.

Palais de la Reine (Tananarive)

Des travaux de même nature seront à exécuter dans les autres villes, dont la situation est moins défavorable cependant que celle de Tamatave.

Déjà des conduites d'eau ont été construites à Nossi-Bé et à Diégo-Suarez.

A Majunga on procède à la recherche d'eaux artésiennes.

Enfin, le service de l'alimentation en eau potable de la ville de Tananarive a été concédé à un particulier.

Les Bâtiments

Sauf en Imérina, les maisons indigènes sont de simples rez-de-chaussée avec charpentes en bois montées sur poteaux, parois en feuillages avec des clayonnages tressés quelquefois avec un certain soin, toiture en chaume. Le sol est presque toujours constitué par un plancher en bois isolé du terrain.

La maison comporte ordinairement une seule pièce qui sert à tous les usages.

A Majunga, on trouve quelques maisons en maçonnerie rappelant les maisons arabes.

L'administration militaire et le service des travaux publics ont fait construire également un assez grand nombre de bâtiments en maçonnerie, tels que l'hôtel de l'administration, un magasin à poudre, des magasins pour les services administratifs, etc.

En Imérina, les maisons sont généralement à étages, les murs sont épais et construits en pisé. La toiture est quelquefois en tuiles, mais le plus souvent en paillotte.

A Tananarive, il existe un grand nombre d'assez jolies maisons construites en briques et couvertes en tuiles.

Quelques édifices, et principalement le Palais d'Argent, le Palais de la reine, le Palais du premier ministre représentent un véritable effort architectural.

C'est le résultat de la collaboration des Européens.

Le Palais d'Argent est un édifice en bois qui doit son nom à une ligne de pendeloques sphériques en argent suspendues le long de la toiture.

Le Palais de la reine était, à l'origine, une colossale construction en bois qui, dans la suite, a été entourée, sur ses

quatre faces, et à tous les étages, d'une galerie en pierre de
taille avec tours carrées aux angles.

Le Palais du premier ministre est construit en maçonnerie
et couvert en zinc.

On a critiqué ses formes peu classiques et on a voulu le
démolir. C'eût été une faute impardonnable, car ce monument
marque l'une des phases de l'histoire malgache et constitue,

Palais du premier ministre, à Tananarive

avec le Palais de la reine, l'une des saillies les plus caractéristiques de la silhouette si originale de Tananarive.

Les maisons construites par les Européens et à leur usage
sont, jusqu'à ce jour, peu nombreuses et peu remarquables.

Les colons s'installent le plus souvent dans des maisons
analogues à celles des indigènes, mais dont les toitures sont
généralement en tôle ondulée ou en zinc.

L'administration a construit à Tamatave, et sur différents

points de la côte, des maisons démontables légères, mais très confortables.

A Tamatave, où la pierre est rare, on a entrepris des casernes en aggloméré de ciment.

A Tananarive, divers bâtiments militaires et des écoles ont été édifiés en briques cuites et mortier de terre. Les angles et les encadrements ont seuls connu les honneurs de la chaux.

Parmi les travaux les plus importants exécutés ou actuellement en cours d'exécution, il faut signaler ceux de l'hôpital d'Isoavinandriana, de la place Jean Laborde, qui n'était, il y a trois ans, qu'un emplacement abrupt, parsemé de roches et de ravins; on l'a transformé en un agréable square entouré, sur toutes ses faces, de rues larges et carrossables.

Beaucoup de rizières de l'Imérina ont leur sous-sol constitué par des couches alternatives de tourbe et d'argile. La confection des briques et des tuiles y est donc facile. Mais le calcaire fait à peu près défaut; on ne trouve dans le pays que quelques rares cipolins.

On ne pourra songer à des constructions sérieuses que le jour où le chemin de fer permettra d'amener économiquement les matériaux nécessaires. Jusque-là, la tâche du constructeur restera ingrate, et ce ne sera qu'au prix des plus grands efforts qu'on obtiendra des résultats acceptables.

Les Voies de communication

Avant l'occupation française, le seul mode de transport pratiqué à Madagascar était le portage à dos d'homme, particulièrement pénible, dans un pays très accidenté, où aucune route n'avait été construite.

Les porteurs en étaient réduits à suivre d'étroites pistes que la hache avait quelquefois débarrassées des arbres gênants, mais où la pioche n'avait jamais joué aucun rôle.

Cette absence de routes voulue par le gouvernement mal-

Palais d'Argent et Tombeaux royaux à Tananarive

gache n'était, au fond, qu'une mesure politique ; il y voyait un moyen d'entraver l'immigration des Européens et, par suite, de se maintenir en dehors de leur influence. D'ailleurs, les grands personnages de l'Etat et les membres de la noblesse n'avaient pas à souffrir de cet état de choses et, dans leurs déplacements, ils disposaient toujours d'un nombre suffisant d'esclaves, porteurs de profession, qui les conduisaient à destination avec toute la rapidité désirable.

Le tracé des pistes malgaches était des plus primitifs et se dirigeait par monts et par vaux vers le point à atteindre. Les indigènes se souciaient peu de chercher des itinéraires en pente douce, à flanc de coteau ou dans le fond des vallées. Indifférents à la fatigue, ils suivaient les lignes de plus grande pente, franchissant les croupes, traversant les bas-fonds, s'élevant de plusieurs centaines de mètres pour redescendre ensuite au même niveau. Les cours d'eau étaient passés à gué ou en pirogue.

Avec des éléments aussi peu utilisables, la création du réseau de routes nécessaire à la mise en valeur du pays était une entreprise de longue haleine, exigeant de grosses dépenses et de puissants moyens d'exécution.

Tout d'abord, en présence de l'insurrection, il fallut donner satisfaction immédiate aux besoins du moment. La construction d'un chemin de fer reliant l'Emyrne à la côte eût donné sans doute une solution complète du problème des transports, mais elle demandait six ans ; l'entreprendre dans les circonstances où l'on se trouvait eût conduit à y employer toute la main-d'œuvre disponible et à rester, pendant toute la durée des travaux, sans autre moyen de communication que l'ancienne piste malgache.

Ces considérations déterminèrent le gouvernement général à faire établir immédiatement des routes en utilisant les ressources locales de main-d'œuvre et en employant aux travaux

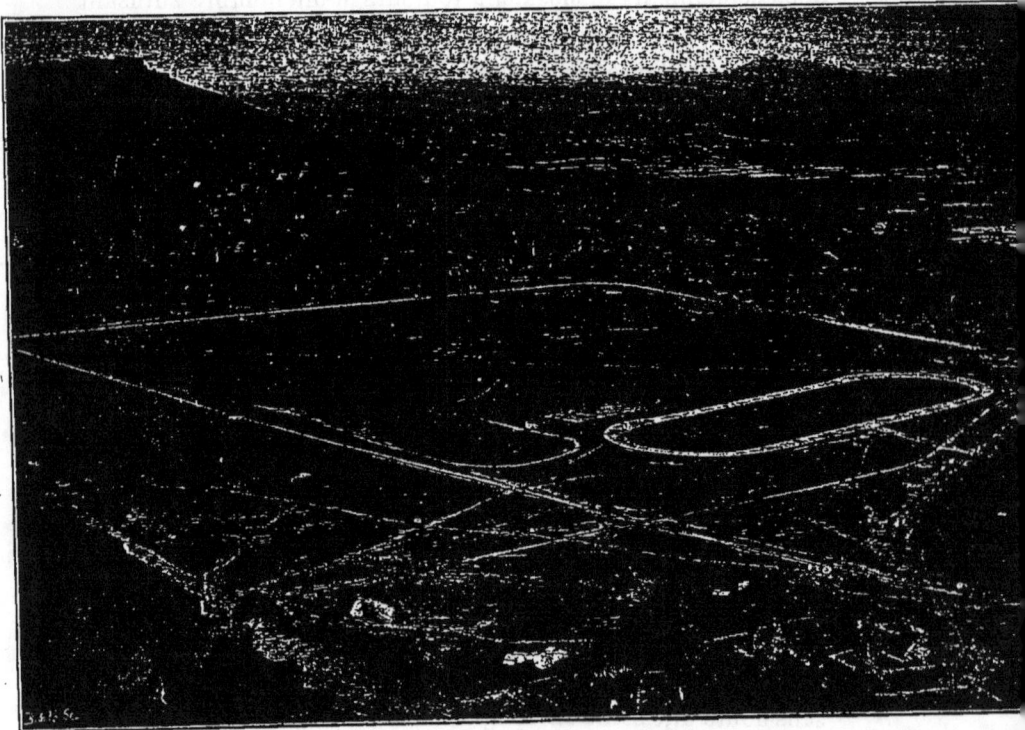

Tananarive. — Place Mahamasina et le Vélodrome

tout le personnel européen dont on pouvait disposer. Le programme qui fut indiqué consistait surtout à faire vite, à ne pas serrer de trop près la correction technique et à s'appliquer seulement, vu l'urgence, à construire des chemins permettant d'attendre, sans aléas et sans mécomptes, la création du réseau définitif.

Il y eut donc premièrement une période de transition, imposée par les circonstances et qui permit, grâce à des travaux provisoires rapidement exécutés, de satisfaire aux besoins les plus urgents de l'occupation, du ravitaillement des troupes et de la population civile. En pratique, on s'appliqua avec soin à rechercher des tracés permettant de passer plus tard, et avec le moins de frais possible, des chemins provisoires à la route définitive.

La Route de Tananarive à Tamatave

La région qui sépare Tananarive de la côte orientale est très accidentée et présente de nombreux obstacles à la pénétration.

L'ancien sentier malgache qui, depuis des siècles, reliait Tananarive à Tamatave franchissait de front toutes ces barrières au lieu de les tourner.

Il se dirigeait d'abord de l'Ouest à l'Est jusqu'à la lagune d'Andevorante et suivait ensuite la dune littorale d'Andevorante à Tamatave.

C'est par cette voie qu'après la prise de Tananarive on décida de ravitailler l'Imérina, et c'est à son amélioration ou à son remplacement que furent consacrés les principaux efforts.

La dune littorale est enserrée entre la mer et une ligne de lagunes dont la continuité n'est interrompue que par quelques seuils dénommés « pangalanes ».

Un canal utilisant ces lagunes paraissant facile à amé-

Place Jean-Laborde (Tananarive)

nager, sa construction fut décidée et concédée à une Compagnie (1).

Dans ces conditions, la route entre Tamatave et Andevorante, destinée à être abandonnée après l'ouverture du canal, était condamnée à une organisation sommaire et provisoire. On se borna, par des rectifications de tracé, à la mettre le plus possible hors d'eau et l'on construisit des ponts sur les embouchures des rivières.

Pour la partie Mahatsara-Tananarive (240 kilomètres), on décida d'améliorer le sentier malgache ou, plus exactement, de lui substituer un sentier muletier qui fut terminé vers la fin de 1897.

C'est grâce à ce sentier que beaucoup d'indigènes ont pu être employés aux transports, lorsque le nombre des bourjanes professionnels était insuffisant.

La construction de la route carrossable ne fut entreprise qu'à la fin de 1897. Le principe adopté fut de faire bien, solide et vite, en évitant un programme trop luxueux, qui aurait conduit à des ouvrages onéreux à construire et difficiles à entretenir.

D'autre part, il ne fallait pas songer à procéder par améliorations successives. Dans une région si mouvementée, à sol argileux et à pluies torrentielles, une route simplement ébauchée ou mal construite n'aurait pas résisté au premier hivernage.

Plus que partout, il faut, dans ces conditions, aussitôt que la plateforme est construite, la protéger par l'empierrement de la chaussée, le revêtement du fossé et l'établissement de dispositifs assurant largement l'écoulement des eaux.

(1) Un paragraphe spécial qu'on trouvera ci-après est consacré à l'étude de ce canal et indique l'état d'avancement des travaux.

C'est en s'inspirant de ces considérations que le général Gallieni fixa pour le tracé les caractéristiques suivantes :

Largeur de la chaussée.......... 5 mètres.
Largeur de la partie empierrée... 2 —
Déclivités maxima............... 8 centimètres par mètre.
Rayon minimum des courbes.... 10 mètres.

Route de Tamatave à Tananarive
Arrivée du général Gallieni aux chantiers d'Ampasimbola

Dans certaines parties, notamment pour le franchissement de l'Angavo par les gorges de la Mandraka, les travaux ont nécessité des efforts exceptionnels et dont l'exécution a été couronnée d'un plein succès. Tous les ouvrages exécutés, terrassements ou ponts, ont parfaitement résisté.

Actuellement, il reste à construire 50 kilomètres de route entre le Mangoro et Beforona.

Cette lacune peut être divisée en deux parties à peu près égales, l'une du Mangoro à Amparafara, où le sentier muletier a été construit avec un tracé de route carrossable et où, en fait, les voitures légères circulent. Cette partie devra être améliorée et les ponts renforcés ou remplacés.

L'autre partie se trouve dans la grande forêt. Contrairement à ce que l'on pourrait croire, c'est là que la route exigera, par mètre courant, le moins de travaux. En outre, les matériaux pour l'empierrement et pour les ponts s'y trouveront avec plus d'abondance que dans les autres tronçons.

Route de Tananarive à Majunga

Pendant un temps assez long, la situation de la route de Majunga resta telle que le corps expéditionnaire l'avait laissée.

Cet état de choses ne pouvait se perpétuer et la nécessité de la route de Tananarive à Majunga ne tarda pas à s'imposer.

A ce moment, les mouvements entre Majunga et Tananarive pouvaient se faire successivement.

a) Par eau sur la Betsiboka, 228 kilomètres.

b) Par la route du corps expéditionnaire entre Mevatanana et Andriba, 125 kilomètres.

c) Par le sentier bourjane, entre Andriba et Tananarive, 225 kilomètres. Ce sentier ne valait guère mieux que les autres sentiers de l'île; les premiers efforts furent consacrés à le remplacer par une route carrossable.

Celle-ci était plus facile à construire que celle de Tamatave, par suite des conditions climatériques et topographiques, dont l'ensemble est plus favorable dans la région du Nord-Ouest que dans celle de l'Est.

Les caractéristiques adoptées furent les mêmes que pour la route de Tamatave mais on eut moins souvent à recourir aux courbes et aux déclivités limites.

Ancienne porte sur la route de Tamatave

Les travaux furent commencés vers le milieu de 1897.

On se proposa, dès lors, d'obtenir, par le minimum d'effort, la possibilité pour les voitures de monter en Imérina. A cet effet, on traça une route évitant le plus possible les flancs de coteaux et épousant toutes les sinuosités et les dénivellations du terrain.

Ce tracé fut très judicieusement choisi, rapidement aménagé, et, au mois de septembre 1897, le premier convoi de voitures montait à Tananarive. Ce fut une opération hardie ; car, en beaucoup de points, les pentes du tracé atteignaient 15 0/0, et beaucoup de cours d'eau avaient dû être passés à gué, mais le résultat désiré était atteint.

On commença alors à rectifier le tracé et on obtint une piste qui n'a pas de déclivité supérieure à 8 centimètres par mètre.

La route sera ouverte dans le courant de l'année 1900, mais elle n'est pas empierrée.

Si on a ajourné ce travail, ce n'est pas que la route de Tananarive à Mevatanana puisse, plus que les autres, se passer de macadam, le jour où elle sera activement pratiquée par des voitures d'un certain poids ; ce n'est pas non plus que la terre de l'Ouest soit d'une autre nature que celle de l'Est ; mais, grâce à l'absence de pluie pendant huit mois, à l'ardeur du soleil et à la force du vent, cette terre acquiert une très grande dureté, qui peut permettre, pendant la belle saison, le passage de voitures légères sans dégradations sensibles.

Comparaison entre les deux routes

De l'exposé qui précède, il résulte que la communication de Tananarive à Tamatave aura 340 kilomètres de longueur et se composera d'une route de 240 kilomètres et d'un canal de 100 kilomètres (10 kilomètres de ce canal, entre Tamatave et Ivondro, étant provisoirement remplacés par un chemin de fer en exploitation).

La communication par Majunga aura 550 kilomètres au minimum, dont 325 par la route et 225 par la Betsiboka,

La route de Tamatave traverse une région soumise à un climat chaud et humide, et par suite éminemment propice aux cultures. La région parcourue par la route de Majunga est moins favorisée à cet égard et la population y est beaucoup

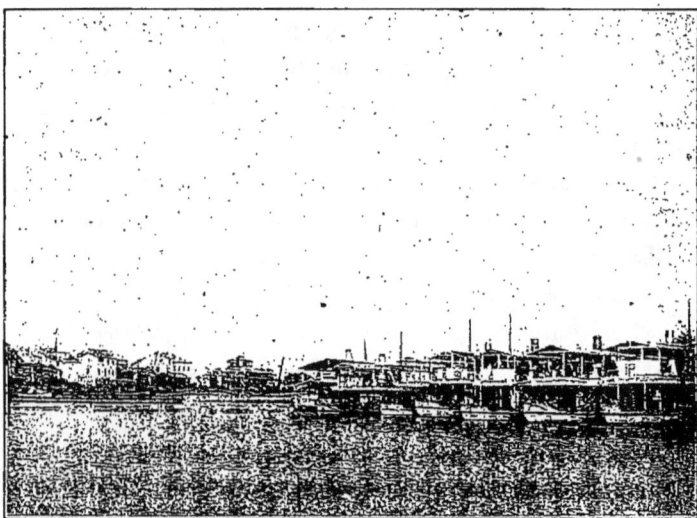

Le Port de Majunga

plus clairsemée. En revanche, les vallées renferment des alluvions aurifères.

La route de Majunga est plus facile à construire que celle de Tamatave. Au point de vue de l'état d'avancement, la route de Tamatave a encore une lacune de 50 kilomètres, et doit être améliorée sur environ 45 kilomètres, mais les autres parties sont terminées, y compris l'empierrement de la chaussée. La route de Majunga peut être considérée comme ouverte sur tout son parcours, mais elle est à élargir en plusieurs points et le macadam y fait défaut. Ce double travail demandera un très gros effort qui ne sera pas inférieur à celui que nécessitera l'achèvement de la route de Tamatave.

Le prix de revient kilométrique sera plus élevé sur la route de Tamatave, sans que la différence soit aussi grande que pourrait le faire supposer la facilité que l'on a eue à établir la plate-forme de la route de Majunga.

Quand celle-ci sera élargie partout à 5 mètres et munie de l'empierrement, les sommes qu'on y aura dépensées, par kilomètre, varieront vraisemblablement entre les 3/4 et les 4/5 de celles consacrées à la route de Tamatave.

Cette comparaison met en relief les différences que présentent les deux routes et explique pourquoi elles avaient été construites par des méthodes différentes, mais on aurait tort de les opposer l'une à l'autre. Elles sont toutes les deux indispensables. La construction doit en être poursuivie jusqu'à complet achèvement.

Le Canal des Pangalanes

De Tamatave à Farafangana, sur une longueur d'environ 600 kilomètres, règne, le long du littoral, un cordon de sable séparé de la terre ferme par une dépression que viennent remplir les rivières de l'intérieur.

Dans la plus grande partie de son parcours, la dépression est assez nette et assez profonde pour que les eaux qui l'occupent forment de belles lagunes navigables. Parfois, s'élevant jusqu'au niveau de la mer, elle s'étale en marécages où croissent les plantes aquatiques, *vacoas* et *vias*. En quelques points, enfin, elle émerge au-dessus du plan d'eau, formant des seuils minces et de faible relief — les *pangalanes* — qui se soudent au cordon littoral.

Les indigènes ont, de tout temps, utilisé les lagunes côtières sur lesquelles ils ont mis de nombreuses pirogues. Ils ont même pratiqué à travers les pangalanes des sentiers qui leur permettent de « traîner » leurs pirogues d'un bief à l'autre.

Il est évident que l'idée de supprimer entièrement les pangalanes, en y creusant des canaux, doit être vieille comme Madagascar.

Ce travail tenta la mégalomanie de Radama 1er. La corvée fut mobilisée. Les *angadys* (bêches malgaches) s'abattirent

Maison d'un colon

sur le sommet du pangalane de Tanifotsy. Mais, au bout de quelques mois, l'œuvre fut abandonnée.

Après la conquête française, l'idée fut reprise ; on continua les travaux de Tanifotsy et on s'attaqua au pangalane d'Ampantomaïzina. Mais la chose traîna en longueur.

Il est vrai que la possibilité de réaliser le canal trouvait beaucoup d'incrédules.

Les différents biefs que séparent les pangalanes ne sont pas, disait-on, au même niveau. En les réunissant, on détruira l'équilibre actuel des eaux et il se produira, surtout à l'époque des crues, de violents courants qui seront une gêne pour la navigation et une cause de destruction pour les travaux exécutés.

La description des lieux répond à cette objection. Les lagunes n'offrent que de très faibles courants, et d'autre part, elles sont très voisines de la mer, avec laquelle elles communiquent souvent et qui constitue pour les différents biefs un puissant régulateur de niveau.

Certes les différences de niveau ne sont pas nulles, et la construction du canal modifiera le régime hydrographique actuel.

Mais le niveau de l'ensemble étant très voisin de celui de la mer et régularisé par celle-ci, il n'y a pas de raison pour que, une fois le nouveau régime établi, les courants qui se produiront d'un bief à l'autre soient beaucoup plus forts que ceux qui règnent actuellement dans chacun de ces biefs ; or, ces derniers ne sontpas un obstacle à la navigation puisque, à toute époque de l'année, des chaloupes à vapeur circulent sur l'Ivondrona et l'Iaroka (1).

Il n'y a pas de raison non plus pour que, lorsque, après les premières perturbations, le canal aura été porté, partout, à la profondeur convenable, le maintien du chenal exige des travaux et des soins différents de ceux que nécessite l'entretien normal d'un canal.

Le projet du canal a été étudié, entre Tamatave et Andevorante (100 kilom.), et reconnu d'Andevorante à l'embouchure du Faraony (352 kilom.).

Il résulte de ces études que l'exécution du canal de Tamatave à l'embouchure du Faraony nécessitera l'extraction de 1.100.000

(1) Le percement du pangalane de Tanifotsy a donné lieu à un courant de 3 nœuds, qui a diminué progressivement. Quinze jours après l'ouverture du canal, l'équilibre était établi.

mètres cubes de terrassement et 1.200.000 mètres cubes [de dragage, correspondant à peine au prix de revient d'une route ordinaire et au quart de la dépense que coûterait un chemin de fer, dont l'exploitation serait d'ailleurs beaucoup plus onéreuse.

La construction et l'exploitation du canal des pangalanes de Tamatave à Andevorante ont été concédées à la Compagnie française, qui les a rétrocédées à la Compagnie des Messageries françaises de Madagascar. Actuellement, le pangalane de Tanifotsy est percé et les vapeurs le franchissent. Un chantier est installé depuis trois mois au pangalane d'Ampantomaïzina. Il restera ensuite à percer le pangalane d'Andavakamenarana, à pratiquer quelques draguages dans les lagunes et à élargir le Ranomainty. Ces travaux terminés, la ligne d'eau sera entièrement ouverte d'Ivondro à Mahatsara, où commence la route qui se dirige vers Tananarive.

Entre Tamatave et Ivondro, le contrat passé avec l'Etat laissait au concessionnaire la latitude de remplacer provisoirement le canal par une voie ferrée de 1 mètre de largeur. La Compagnie a usé de cette faculté et ce chemin de fer est actuellement en exploitation.

Les lagunes qui s'allongent parallèlement à la côte de Tamatave à Farafangana sont alimentées par un grand nombre de rivières qui descendent de l'intérieur, et dont la partie inférieure est navigable sur une longueur de 15 à 30 kilomètres.

Il y a donc là une région de plus d'un million d'hectares de superficie, jouissant d'un climat fertilisant et dotée d'un splendide réseau de voies de communication, auquel le percement des pangalanes assurera la continuité que la nature lui a refusée.

C'est à ce réseau que viendra aboutir la voie ferrée de Tananarive à la mer.

C'est également là que s'arrêtera le chemin de fer projeté par

10

la Société auxiliaire de navigation à Madagascar pour desservir le Betsileo.

Les nombreuses épaves que l'on voit jalonnant la côte orientale de Madagascar indiquent suffisamment combien, en ces régions, la navigation côtière est pénible et dangereuse. C'est ce qui donne encore plus de prix à la création d'une voie fluviale intérieure sûre et commode.

Cette voie devra communiquer avec la mer. Le port de Tamatave est un de ses débouchés les plus indiqués dès maintenant.

La construction du canal des pangalanes est donc intéressante au premier chef. Elle est éminemment désirable, et loin de menacer le succès d'aucune des entreprises projetées à Madagascar, elle les favorisera toutes.

Les Chemins de fer

Quels que soient les services que l'on est en droit d'en attendre, les routes ne sauraient suffire à la mis en valeur d'un pays ; elles peuvent bien servir d'affluents, mais l'artère principale doit être la voie ferrée qui, grâce à ses faibles tarifs, affranchit les marchandises de la distance.

Et cependant, les opinions les plus contradictoires sont journellement émises sur ce que doivent être les voies de communication dans les pays neufs. Les uns ne veulent que des voies ferrées, affirmant qu'elles seules permettent d'assurer à bon compte des transports importants et qu'elles seules procurent des recettes capables d'amortir les frais de premier établissement.

D'autres, par contre, déclarent que de bonnes routes sont suffisantes pour les débuts et qu'avec le capital qu'exigera la construction d'un seul chemin de fer, on pourra établir un excellent réseau de routes dans le pays entier. Ils font valoir que les routes coûtent peu à construire, sont vite établies, que leur exploitation ne nécessite pas un personnel spécial et nombreux et qu'elles n'entraînent pas d'autres dépenses que celle de leur entretien.

D'autres ont la conception d'une voie de communication qui se modifie d'après les besoins du trafic. C'est d'abord le sentier pour piétons, qui devient ensuite piste muletière, puis s'élargit et se transforme en route carrossable laquelle, dernière métamorphose, reçoit les rails d'un chemin de fer.

Toutes ces opinions négligent un facteur essentiel : la configuration topographique du pays. C'est, au contraire, cette considération du terrain qui doit primer toutes les autres dans l'étude des voies de communication à établir à Madagascar.

A ce point de vue spécial, la colonie se divise en deux parties bien distinctes : la partie centrale qui est formée de terrains gneissiques, accidentés et rocheux ; la partie périphérique, composée surtout de terrains plus récents, à formes plus douces, souvent plats et coupés par de grands cours d'eau.

L'épaisseur de cette zone périphérique dépasse rarement 40 kilomètres sur le versant oriental et atteint une moyenne de 200 kilomètres sur la côte occidentale. Par conséquent toutes les routes ou chemins de fer qu'on établira à Madagascar et qui iront du littoral vers le centre seront, dans la plus grande partie de leur parcours, établis en terrain accidenté.

Ce sont donc des routes ou des chemins de fer de montagne que l'on a à construire à Madagascar.

Il est facile de voir combien est grande l'erreur de ceux qui rêvent d'une route carrossable qui, plus tard, pourrait se transformer en chemin de fer. S'ils la tracent avec les conditions de courbure et de déclivité que comportent les rout.s, ils la rendent, par cela même, inapte à recevoir une voie ferrée à traction mécanique ; si, au contraire, on donne aux routes le tracé des chemins de fer, c'est-à-dire des rampes faibles et de grandes courbes, on se condamne, du premier coup, à exécuter des travaux très importants qui ne rendront pas la route meilleure et qui, par contre, augmenteront le temps qu'il faudra pour la construire et tripleront au moins son prix de revient.

L'incompatibilité qui existe entre les routes et les chemins de fer en terrain accidenté se manifeste bien entendu et à plus forte raison entre les routes carrossables et les sentiers muletiers, qui peuvent avoir des rampes s'élevant jusqu'à 15 pour 100 et dont les courbes peuvent être remplacées par des points de rebroussement.

Chaque voie de communication doit donc être construite d'après le tracé qui convient à sa destination immédiate.

En fait, étant donné le terrain de Madagascar, le prix de revient du kilomètre de chemin de fer est environ sept fois plus élevé que celui du kilomètre de route. Cette différence n'est pas assez considérable pour faire renoncer à la construction des voies ferrées, mais elle l'est assez pour qu'il n'y ait pas lieu de faire des chemins de fer là où les routes peuvent suffire.

Afin de diminuer le prix de revient des transports sur les routes carrossables et d'augmenter leur rendement, on a souvent songé à placer sur la chaussée un petit chemin de fer genre Decauville. Il est facile de se rendre compte que ce système, constamment proposé et qui rend, dans beaucoup de cas, de réels services, ne pourrait en rendre que de très faibles sur une route accidentée et dont les rampes atteignent quelquefois 3 centimètres par mètre. (Route de Mahatsara à Tananarive). Sans faire un calcul trop long et trop aride, on peut rappeler que la résistance opposée au mouvement d'une voiture se compose de deux éléments principaux :

1° La résistance due au roulement qui est de 30 kilogrammes par tonne sur une bonne chaussée et de 4 à 5 kilogrammes sur des rails ;

2° La résistance due aux rampes, qui est la même dans les deux cas pour une rampe déterminée et qui est de 1 kilogramme par tonne et par millimètre de pente.

Sur une route horizontale, les rails permettront de transporter des charges 7 à 8 fois plus fortes qu'une chaussée ordinaire. Mais sur une rampe de 8 centimètres, la proportion des résistances s'établit ainsi : 110 kilogrammes à la tonne sur la route et 85 kilogrammes à la tonne sur le Decauville. Les poids transportés seront en sens inverse et les chargements entraînés par le Decauville ne dépasseront que de 25 0[0 ceux de la route.

Par contre, il y aurait l'installation de la voie, qui entre Mahatsara et Tananarive ne coûterait pas moins de 2 millions.

La circulation des voitures, au lieu d'être libre, devrait être soumise à une réglementation; il faudrait un petit matériel d'entretien, de telle sorte que ce que l'on gagnerait d'un côté, on le perdrait de l'autre.

Il est cependant un cas où une voie peut être posée sur une route à fortes déclivités, c'est lorsqu'on dispose de forces hydrauliques permettant d'organiser la traction électrique. Mais ce mode de traction n'étant économique que pour une grande densité de trafic, on peut se demander s'il n'est pas préférable alors de recourir à un véritable chemin de fer.

Par contre, l'emploi des voitures automobiles est susceptible de rendre les plus grands services à Madagascar. La possibilité de leur utilisation dans la grande île rencontre beaucoup d'incrédules. Ces véhicules, dit-on, nécessitent des réparations constantes et sont d'un entretien délicat. Il sera difficile d'y pourvoir à Madagascar ; en outre, les accidents seront nombreux car la route est mouvementée.

On peut répondre qu'il ne s'agit pas d'obtenir de très grandes vitesses. Les automobiles devraient marcher à raison de 7 à 8 kilomètres à l'heure, ce qui leur permettrait de franchir 80 kilomètres par jour. Dans ces conditions, les conducteurs n'auront pas besoin d'une grande habileté pour éviter de sortir de la route.

Enfin on envisage ici non pas une seule voiture, mais une entreprise capable de transporter un fort tonnage et comportant, par suite, le matériel et le personnel nécessaires pour l'entretien des automobiles.

Dans l'état actuel de la question, on peut espérer en France faire des transports au moyen d'automobiles à des prix variant entre 25 et 50 centimes par tonne et par kilomètre. A Madagascar, il sera prudent d'ajouter à ce prix 50 pour 100 et de compter sur 75 centimes.

Dès lors, les matières européennes nécessaires à l'alimentation, aux vêtements, aux besoins ordinaires de la vie, peuvent atteindre Tananarive à un prix encore élevé, mais abordable.

En résumé, l'emploi de voitures automobiles avec un modèle convenablement choisi constitue non seulement le meilleur moyen d'utiliser une route carrossable, mais encore c'est une solution parfaitement acceptable du problème des transports entre la côte et l'Imérina.

Mais le ravitaillement de l'Imérina — ce mot de ravitaillement étant pris dans son acception la plus large — n'est qu'une partie du problème des transports. La valeur des matières qu'une colonie peut importer est en fonction de la valeur de celles qu'elle peut exporter. Dans le mouvement commercial, c'est surtout le chiffre des exportations qui est intéressant; c'est celui dont il faut provoquer l'augmentation par tous les moyens possibles, car le commerce d'importation suivra nécessairement la même progression.

Mais une colonie, si fertile soit-elle, ne pourra exporter que si les produits du sol peuvent aller lutter avec leurs similaires sur les marchés européens. Or, des tarifs de 75 centimes par tonne et par kilomètre, admissibles pour l'or, la vanille, le

Pont de l'Aujomoka. — Route de Tananarive à Tamatave

PROJET DE CHEMIN DE FER TAMATAVE A TANANARIVE

LÉGENDE

.... Limites de Territoires.
.... id. de Provinces et Cercles.
━━━━━ Voie ferrée de Tamatave à Ivondro.
━━━━━ Route de Tananarive à Tamatave.
━━━━━ Sentier muletier.
━━━━━ Tracé proposé par le Lᵗ Colonel Roques.
━━━━━ Variante du dit tracé par la Mandraka et les dunes.
━━━━━ Tracé possible par l'Ivondrona.

Echelle 1:800.000

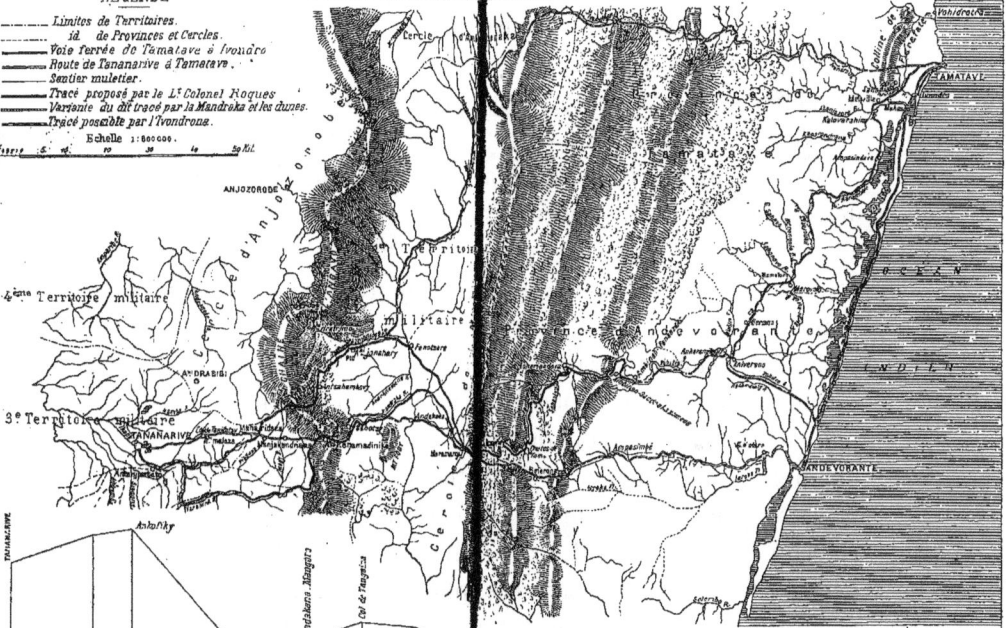

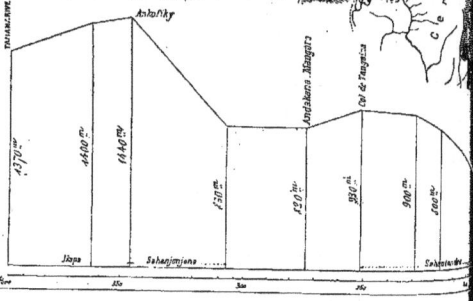

Profil en long du tracé adopté

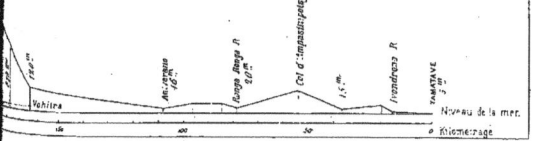

Niveau de la mer.

caoutchouc, sont déjà lourds pour le cacao et le café et absolument prohibitifs pour le rafia, le coton, les peaux de bœufs, les grains, etc... La colonie ne deviendra donc prospère que si elle dispose d'un mode de transport permettant de fixer les tarifs d'après la valeur même des produits et de les abaisser jusqu'au dessous de 5 centimes s'il le faut, quitte à établir la compensation sur d'autres marchandises.

Un chemin de fer seul permettra d'atteindre ce résultat et d'amener économiquement à la côte les produits de la région traversée.

On peut concevoir Madagascar divisé en un certain nombre de régions traversées chacune par une voie ferrée aboutissant à la côte et vers laquelle, comme les affluents vers un fleuve, convergeront des voies de moindre importance et de longueurs plus faibles.

Cette division ne sera pas arbitraire.

Chaque région devra posséder un port ou tout au moins un point de la côte où les opérations d'embarquement et de débarquement soient faciles et où la construction d'un véritable port soit possible le jour où les besoins du trafic l'exigeront. Chacun de ces ports doit être le débouché naturel de toutes les parties de la région traversée par le chemin de fer qui y aboutit. Celui-ci sera donc tracé de façon à réunir entre elles ces diverses parties et à laisser en dehors de sa zone d'action les points dont les produits trouvent un écoulement plus direct vers les ports voisins.

L'avenir de tous ces chemins de fer est lié intimement à l'importance des capacités agricoles de la colonie.

Or la situation de l'agriculture dépend de deux facteurs principaux : le terrain et le climat.

Le terrain vaut par sa constitution chimique, suivant qu'il contient ou non les éléments nécessaires à la végétation, et par ses formes, qui sont plus ou moins favorables aux travaux agricoles, semailles, labourage, etc. Le climat agit par sa température et par l'abondance des pluies et leur bonne répartition.

Au point de vue du terrain, on peut diviser Madagascar en deux régions géologiques bien nettes : la ceinture composée de terrains relativement récents, plats ou à formes douces, et qui contiennent la plupart des éléments nécessaires à l'agriculture; ensuite, le noyau central moins favorisé, plus accidenté et formé de terrains primitifs où manquent certains éléments, notamment la chaux.

En ce qui concerne les pluies, Madagascar se partage en deux zones par son arête dorsale : la partie orientale où les pluies sont abondantes à toutes les époques de l'année, et la partie occidentale où il pleut seulement pendant six ou sept mois.

Enfin, au point de vue du climat, le plateau central est situé à 1.400 d'altitude et la température n'y est pas très élevée. On peut admettre que cette région tempérée s'étend jusqu'à la cote 1 000 et qu'au-dessous règne une température convenant, sous réserve du terrain, aux cultures tropicales.

Quel est le premier chemin de fer à construire à Madagascar? Quatre ont été proposés, de Diégo-Suarez à Tananarive, de Majunga à Tananarive, de Tamatave à Tananarive et de Mananjary, ou plus exactement, de l'embouchure du Faraony à Fianarantsoa avec prolongement éventuel sur Tananarive.

Tous ces chemins de fer aboutissent finalement à Tananarive et cela à juste titre, car l'Imérina, dont Tananarive est la capitale, possède certainement la population la plus nombreuse et la plus intelligente de Madagascar.

Après l'Imérina, le centre le plus important de population se trouve dans le Betsiléo, dont Fianarantsoa est la ville principale; mais il faut dire que cette province vient bien loin après l'Imérina; les Betsiléos ne sont au nombre que de 300 000 environ, alors que la population de l'Imérina atteint environ un

million d'habitants. Les Hovas sont d'une intelligence supérieure, et c'est plutôt par leur intelligence que par leurs qualités militaires qu'ils avaient réussi à mettre sous leur
domination toutes les populations de Madagascar, y compris
les Betsiléos. Ceux-ci sont certainement intelligents, mais ils le
sont moins que les Hovas; ils ont plus de sang nègre dans les
veines. Il n'y a donc pas de comparaison, au point de vue de
l'importance, entre l'Imérina et le Betsiléo et, par conséquent,
c'est à Tananarive que doit aboutir le premier chemin de fer
malgache.

C'est d'ailleurs ce qu'ont reconnu eux-mêmes les partisans
du chemin de fer de la mer à Fianarantsoa, en envisageant le
prolongement de leur ligne jusqu'à Tananarive.

De quel port cette première voie ferrée devra-t-elle partir?

Le port de Diégo-Suarez est le plus beau de Madagascar,
mais le simple aspect de la carte suffit pour montrer qu'il n'est
pas le debouché naturel des régions que traverserait une voie
ferrée qui le réunirait à Tananarive.

Les produits de l'Imérina, du Marofotsy, du pays Sihanaka
de la région de Mandritsara, ne sauraient être acheminés
vers Diégo-Suarez alors qu'ils peuvent atteindre le littoral
en parcourant une distance deux fois et même trois fois
moindres.

Quant aux considérations militaires qu'on a fait valoir, il est
permis d'estimer que la somme de 180 millions que coûterait,
au bas mot, la ligne de Tananarive à Diégo-Suarez pourrait
certainement, au point de vue de la défense de l'île, recevoir
une plus efficace application.

Au cours de l'année 1897, le ministre des Colonies déposa sur
le bureau de la Chambre un projet de loi tendant à l'approbation d'une convention passée avec la Société auxiliaire de
colonisation à Madagascar, fondée sous le patronage de

M. Plassard, pour la construction et l'exploitation d'une route à péage de Fianarantsoa à la mer.

A la suite d'études très sérieuses faites sur place par une mission d'ingénieurs qu'elle avait envoyée dans l'île, la Société abandonna l'idée de la route à péage et déclara préférable de commencer par la construction d'un chemin de fer dont sa mission rapportait le projet.

Cette ligne ne partirait pas de Mananjary, mais de l'embouchure du Faraony, où un port serait créé.

La distance entre Fianarantsoa et le port du Faraony serait, d'après le projet, de 210 kilomètres.

C'est une voie rationnelle ; le Betsiléo, dont Fianarantsoa est la ville principale, est l'un des deux centres de population les plus importants de Madagascar ; la région qui le sépare de la mer est susceptible de recevoir des cultures riches, et le port choisi peut, par sa situation, jouer le rôle de débouché.

La ligne de Fianarantsoa à la mer est donc assurée d'un brillant avenir. C'est l'une des premières à construire à Madagascar, mais il ne s'en suit pas qu'elle doive dès à présent être poussée jusqu'à Tananarive en supplantant une autre ligne beaucoup moins coûteuse à établir.

En résumé, il n'y aurait que des inconvénients à placer le port de l'Imérina à l'embouchure du Faraony. Mais l'idée d'un chemin de fer de Fianarantsoa à la mer n'en est pas moins une idée juste et rationnelle dont il faudra poursuivre la réalisation dès que les circonstances le permettront.

Les ports de Diégo-Suarez et du Faraony étant éliminés, il reste à choisir entre ceux de Majunga et de Tamatave.

La ligne Tananarive-Majunga se composerait d'une voie ferrée de Tananarive à Marololo et de la rivière Betsiboka entre Marololo et Majunga,

La route en construction de Tananarive à Mevatanana aura

325 kilomètres de longueur, mais les études faites ont démontré que la voie ferrée ne pourrait suivre le tracé de cette route et qu'elle devrait se développer le long de l'Ikopa, en suivant les sinuosités de cette rivière. Sa longueur serait d'environ 375 kilomètres. auxquels il faudrait ajouter les 25 kilomètres qui séparent Mevatanana de Marololo.

De Marololo à Majunga, la Betsiboka a un développement de 200 kilomètres. La distance totale de Tananarive à Majunga serait donc de 600 kilomètres.

Or, on peut atteindre Tamatave par un chemin de fer de 400 kilomètres, dont 110 peuvent être remplacés par le canal des Pangalanes en construction.

Au point de vue des distances, la région de Tananarive dépend donc de Tamatave, et non de Majunga. D'autre part, l'examen approfondi de la question a montré qu'il n'existe pas en faveur de la ligne de Majunga, de considérations assez puissantes pour compenser les inconvénients d'une majoration de 50 pour 100 dans le prix de transport des marchandises destinées à l'Imérina ou en provenant.

Dans ces conditions, les considérations tirées de la plus courte distance dominent le débat et tranchent la question en faveur de Tamatave.

C'est d'ailleurs pour ce même motif que Tamatave était le port de l'Imérina au temps de la domination hova et l'est redevenu après la conquête française.

Le mouvement de ce port a représenté, en 1898, bien qu'il ait été en quarantaine pendant tout le mois de décembre, les 46,61 0/0 du commerce total de la colonie. La proportion pour Majunga n'a été que 17,45 0[0.

Majunga n'a heureusement pas besoin, pour devenir un grand port, d'attendre qu'un chemin de fer le relie à Tananarive. Sa position est privilégiée et peut-être unique à Madagascar ; sa rade est sûre, facile d'accès et occupe l'embouchure d'une grande rivière navigable sur 200 kilomètres de longueur. Il y a à Madagascar d'autres grandes rivières, mais elles n'offrent pas les mêmes commodités, et surtout elles présen-tent ce grand inconvénient que leurs embouchures sont bar-rées. Il y a aussi, sur la côte occidentale, d'autres rades qui valent celles de Majunga ; mais elles ne sont pas au débouché

L'Hôtel du gouverneur général à Tamatave

d'une telle voie de pénétration. Ce sont ces précieux avantages dont Majunga profitera pour la mise en valeur de la région qui forme son hinterland et qui possède déjà son artère principale, plus puissante qu'une voie ferrée : la Betsiboka.

Le projet auquel on a finalement abouti consiste à se diri-ger de Tamatave au terminus navigable de la Vohitra, en un point dénommé Aniverano, puis à remonter cette vallée et son affluent, la Sahantandra, jusqu'à la crête des monts Bet-simisarakas, traverser la plaine du Mangoro, emprunter la vallée de la Sahanjonjona-Isafotra, jusqu'au col qui la sépare de la vallée de l'Ikopa et gagner Tananarive en suivant cette dernière vallée.

Malgré l'aspect chaotique de la région qui sépare Tananarive de la côte orientale, le profil en long n'a que deux points hauts, la crête des Betsimisarakas et le col par lequel on pénètre dans la vallée de l'Ikopa.

Le chemin de fer sera à voie unique, d'un mètre de largeur ; le rayon de ses courbes s'abaissera, quand il le faudra, jusqu'à 50 mètres ; ses déclivités maxima seront de 25 millimètres, sauf dans certains passages particulièrement difficiles où elles atteindront exceptionnellement 35 millimètres.

Le choix de l'origine, Tamatave, a été fortement discuté ; on a fait remarquer qu'il y avait sur la côte orientale d'autres points que leur situation géographique destinait à mieux remplir ce rôle.

Tamatave se trouve en effet à 100 kilomètres au Nord du parallèle de Tananarive, alors qu'Andevorante est situé sur ce parallèle et que, plus au Sud, Vatomandry n'en est qu'à 50 kilomètres. Ces deux points pourraient être réunis à Tananarive par des voies ferrées plus courtes que la ligne Tananarive-Tamatave. On pourrait être d'autant plus tenté de les choisir de préférence à Tamatave, que les rivières qui aboutissent à Andevorante et à Vatomandry, sont très larges et communiquent en tout temps avec la mer, offrant ainsi l'apparence de deux ports naturels vastes et sûrs.

Ce n'est malheureusement qu'une illusion ; car ces rivières sont très peu profondes et leurs embouchures sont obstruées par des barres formées sous la triple action du courant littoral, de la houle et des apports de la rivière. Ces barres n'ont pu, jusqu'à présent, être franchies que par de petites embarcations et pendant les périodes de beau temps.

Dans le projet qui a été soumis au Parlement, la partie du

chemin de fer entre Tamatave et Andevorante est remplacée par le canal des Pangalanes dont il a été question plus haut.

L'usage de ce canal nécessitera un double transbordement des voyageurs et des marchandises. C'est sans doute un inconvénient, mais la colonie ne disposant pas, pour le moment, des ressources financières pour établir la ligne en entier, il faut se contenter de cette solution provisoire, qui améliore considérablement la situation actuelle et permet d'ajourner une dépense de 15 millions.

La construction d'un chemin de fer de Tananarive à la mer a été l'une des premières préoccupations du gouvernement de la colonie au lendemain de la conquête.

A la fin de 1897, une mission d'officiers du génie dirigée par le commandant Roques, aujourd'hui lieutenant-colonel, présentait au Gouverneur général, après un an d'études sur le terrain, un projet complet de la voie à construire. Ce projet recevait quelques mois après l'approbation du Comité des travaux publics des colonies.

Pendant que les études se poursuivaient, des efforts étaient tentés en vue d'aboutir aux voies et moyens d'exécution.

La même année, le ministre des colonies avait déposé sur le bureau de la Chambre un projet de loi portant approbation d'une convention passée avec la Société française d'études et d'explorations à Madagascar en vue de la construction du chemin de fer de Tananarive à la mer.

Cette convention était inspirée de celles qui ont permis aux États-Unis d'Amérique de construire une grande partie de leur immense réseau. Le concessionnaire construisait et exploitait le chemin de fer à ses risques et périls et ne recevait en échange que des concessions territoriales, avec privilèges en ce qui concerne les mines et les forêts.

Cette convention ne fut pas discutée devant les Chambres. La Société française d'études et d'explorations à Madagascar ne

11

put en effet réunir les capitaux qui étaient nécessaires, non seulement pour la construction du chemin de fer, mais aussi pour la mise en valeur des terrains qui devaient lui être concédés.

Concurremment avec la Société française d'études et d'explorations à Madagascar, une autre combinaison s'élabora, qui donna lieu à une convention soumise bientôt après à l'approbation du Parlement. C'est la convention avec la Compagnie coloniale de Madagascar. Pour assurer à la Compagnie des recettes lui permettant de couvrir ses dépenses, l'Etat et la colonie s'engageaient à lui donner des transports à effectuer pour une somme de 2.800.000 fr. par an pendant une durée de quinze ans.

L'élaboration de cette convention avait été longue. La fixation du taux de la garantie de transport avait notamment donné lieu à de nombreux pourparlers et la somme de 2.800.000 francs à laquelle on s'était finalement arrêté avait été considérée par les représentants de l'administration comme une limite extrême qui ne pouvait être dépassée. Cependant, la Compagnie coloniale, après une étude faite sur place a jugé insuffisants les avantages qui lui étaient accordés par la convention et, à l'expiration du délai d'option, elle a fait connaître qu'elle renonçait au bénéfice de la convention.

De nouvelles propositions qu'elle a présentées ensuite pour la concession du chemin de fer n'ont pu être accueillies, parce qu'elles furent jugées trop onéreuses pour la colonie.

En résumé, les négociations poursuivies depuis trois ans ont montré que la construction du chemin de fer ne saurait être conférée à une Compagnie concessionnaire ou à une entreprise générale sans grever la colonie d'une charge beaucoup plus lourde que celle qui correspond au prix de revient réel des travaux. Dans ces conditions, le gouverneur général, après avoir pris l'avis du Conseil d'administration, a proposé au ministre de fractionner l'exécution des travaux en un certain nombre de lots d'importance restreinte, qui seront accessibles par la voie de l'adjudication aux entrepreneurs ne possédant pas de gros capitaux, et qui seront exécutés sur les projets et sous la direction des ingénieurs de la colonie. Ce système auquel on a été conduit pour la construction des chemins de fer, non seulement de la métropole, mais de la plupart des colonies anglaises, a le double avantage d'obtenir des capitaux à un prix plus bas par voie d'emprunt direct et d'économiser les charges trop lourdes qui résultent forcément de l'intervention des entreprises générales.

Le Comité des travaux publics, après un examen détaillé des projets dressés par la mission du génie, des modifications qu'a proposées, à ce sujet, la mission technique envoyée dans l'ile par la Compagnie coloniale de Madagascar et des prix de revient obtenus pour la construction de la route de Mahatsara à Tananarive, a émis l'avis qu'il y a lieu de passer à l'exécution et que le montant des dépenses à faire ne dépassera pas 47,500,000 francs.

Tout est donc prêt pour que la construction du chemin de fer de Tananarive à la côte orientale puisse être entreprise sans aléas dès que le Parlement aura autorisé la colonie à se procurer les ressources financières nécessaires. A ce point de vue aussi, la question est en bonne voie. Le projet de loi que le gouvernement a soumis aux délibérations du Parlement a été appuyé par la Commission des colonies de la Chambre des députés ; le rapporteur, M. Argeliès, a déposé sur le bureau de la Chambre un rapport nettement favorable et le projet a été voté, sans débats, par la Chambre des députés, dans la séance du 23 mars.

Réseau télégraphique

Le réseau télégraphique a été notablement accru et amélioré depuis la conquête.

La ligne télégraphique de Tamatave à Tananarive installée très primitivement en 1887, fut réparée et doublée d'un second fil au commencement de 1897.

Dès le début de l'occupation française, la nécessité de nouvelles lignes s'était fait sentir : la construction de celle de Tananarive à Majunga, qui devait relier la capitale de l'île à l'Europe par le câble Majunga-Mozambique, fut tout d'abord décidée.

Commencée en avril 1897, cette ligne fut terminée en juillet et inaugurée le 1er août.

Le programme des travaux de 1898 prévoyait la construction d'une nouvelle ligne devant relier Tananarive à Fianarantsoa par Ambositra, ainsi que le prolongement jusqu'à Mananjary de la ligne Tamatave-Andevorante.

Le matériel destiné à la ligne de Fianarantsoa, parvint dans la colonie en septembre 1898. Les travaux furent poussés avec activité, et le 1er janvier 1899, la communication pouvait être établie entre Tananarive et Fianarantsoa. Un embranchement relie cette ligne à Antsirabé et est destiné à être prolongé ultérieurement sur Betafo et le Betsiriry, pour aboutir à Morondava, sur la côte Ouest de l'île.

En même temps que s'établissait la ligne de Fianarantsoa, celle d'Andevorante était prolongée jusqu'à Mananjary.

Les projets actuellement en cours d'exécution sont :

1o Le prolongement de la ligne de Fianarantsoa jusqu'à Betroky, chef-lieu du cercle des Baras. — Les travaux ont déjà pu être entrepris au moyen de l'excédent de matériel resté disponible après l'achèvement de la ligne de Fianarantsoa ;

2o Le prolongement de la ligne de Mananjary jusqu'à Fort Dauphin ;

3o Enfin quelques lignes secondaires, comme celle d'Antsirabé à Betafo.

Le fonctionnement des lignes télégraphiques à Madagascar

devient particulièrement difficile pendant la saison des pluies.

Les orages très violents qui éclatent à cette époque produisent des dégâts parfois considérables qui occasionnent souvent des interruptions prolongées. Un service spécial est organisé sur tout le parcours des lignes pour relever les dérangements dan s le minimum de temps.

Sentier malgache de Tananarive à Mahatsara
Passage à gué de la rivière Bédora

Afin d'éviter les effets destructeurs de la foudre, un essai d'installation de paratonneres de fortune, consistant en fers de sagaie, a été fait en 1898 sur les poteaux de la ligne de Majunga et a produit des résultats relativement satisfaisants.

Enfin, dans ce pays de pluies torrentielles et d'orages fréquents, le meilleur moyen d'assurer la solidité des lignes télégraphiques est de les constituer entièrement en poteaux métalliques. Un projet dans ce sens est à l'étude et sera, au moins sur une partie du réseau, mis prochainement à exécution.

En résumé, depuis l'occupation française, les travaux publics ont reçu une vive impulsion. Ce mouvement ne se ralentira pas et si, comme on peut le prévoir, le projet de chemin de fer est approuvé par le Sénat, un effort considérable sera donné pour la construction de la ligne dans le plus bref délai possible. Et en effet, comme l'écrivait récemment le général Gallieni, « la mise en valeur de la colonie n'entrera dans la période de réalisation pratique que le jour où le premier train partant de la côte aura franchi l'Angavo pour descendre, par la vallée de l'Ikopa, jusqu'à Tananarive ».

CHAPITRE VII

Économie sociale

Le traité de 1895 avait laissé subsister les institutions malgaches dans leur intégralité. L'annexion de Madagascar à la
France rendit nécessaire leur remaniement. Par le fait même
de l'annexion, l'esclavage cessait d'exister à Madagascar, devenue terre française. Or, les esclaves constituaient en partie
la richesse des principaux habitants de l'île qui, de temps im-
mémorial avaient ainsi disposé de travailleurs pour cultiver
leurs terres. Subitement les possesseurs d'esclaves se trouvèrent frustrés d'une partie intégrante de leur fortune, en
même temps qu'ils se trouvèrent dans l'obligation de louer
des hommes libres pour cultiver les rizières : beaucoup les
laissèrent en friches faute de ressources. Ils formèrent un
parti de mécontents d'autant plus dangereux qu'il constituait
un des éléments les plus puissants de la classe dirigeante. Il
fallut autant d'habileté que d'énergie au général Galliéni pour
mener à bien cette émancipation des esclaves, à un moment
où l'insurrection battait son plein en Imerina et où mécontents et émancipés pouvaient grossir les rangs des rebelles.
    Une autre conséquence de l'annexion était la suppression
de l'hégémonie hova que les différents peuples de l'île avaient
supportée avec peine. Le général Galliéni n'hésita pas à retirer les gouverneurs hovas des provinces de l'île dont l'administration leur avait été confiée par le gouvernement de la
Reine et à donner à chaque peuplade des chefs pris parmi ses
membres. Cette opération ne fut pas sans présenter de grosse

Artisans malgaches

difficultés pratiques; en effet, il fallut former tout un corps
d'administrateurs indigènes pris parmi des populations que
les hovas avaient toujours tenues soigneusement à l'écart du
gouvernement et qui n'en connaissaient pas les règles les plus

Types Hova

élémentaires. La politique dite de races, préconisée et appli-
quée avec tant de clairvoyance, a produit les meilleurs résultats et nous a concilié l'amitié des populations.

On peut dire qu'aujourd'hui encore le peuple malgache se
gouverne lui-même; il est administré, jugé, taxé au point de
vue de l'impôt par des gens de sa race et les fonctionnaires

Artisanes malgaches

français contrôlent seulement les actes de ses gouvernants. Cette administration, qui a le mérite de ne nécessiter la présence dans la colonie que d'un nombre restreint de fonction-

Betsimisaraka jouant du « ziziutara »

naires de race blanche, tient le milieu entre le gouvernement direct de l'indigène par le conquérant et le protectorat ; elle a les avantages de ces deux procédés d'administration. Le peuple est administré par des gens qui connaissent mieux que nous ses besoins, ses aspirations et ses facultés, et d'autre part,

Miliciens malgaches

les gouverneurs et sous-gouverneurs indigènes sont absolument dans la main de nos fonctionnaires qui les conseillent, les guident et pourraient au besoin facilement briser leur résistance.

Instruments de musique betsimisaraka

L'administration indigène est simple ; le même fonctionnaire cumule toutes les fonctions de son gouvernement, il est à la fois administrateur et percepteur.

L'administration française n'est pas moins simple ; les administrateurs dans les territoires civils, les officiers dans les territoires et cercles militaires réunissent entre leurs mains

Musique malgache

tous les pouvoirs, ils administrent, perçoivent les impôts, commandent les milices indigènes, sorte de police, sont juges même. Leurs devoirs leur ont été très exactement tracés par le général Galliéni, dans de nombreuses circulaires qui leur

Engins de pêche betsimisaraka

rappellent avec insistance que leur rôle est d'assurer dans leur ressort la sécurité qui seule peut permettre aux indigènes de cultiver en paix les terres et aux colons de s'établir dans la colonie avec quelques chances de succès. Le fonctionnaire doit être l'auxiliaire du colon, principalement lorsque celui-ci commence à s'installer; il doit lui aplanir les difficultés inhérentes à la création de toute plantation ou de toute industrie, le renseigner exactement, lui faciliter la recherche de la main-d'œuvre.

Chaque administrateur a dû étudier les ressources de sa province ; il a fait le relevé des terres inoccupées, classées en lots de colonisation.

Les administrateurs rendent compte de leurs actes admi-

Tombeau de Jean René, roi des Betsimisaraka (Tamatave)

nistratifs au Gouverneur Général, qui a sous ses ordres directs, à Tananarive, un Secrétaire Général chargé de l'expédition des affaires et ordonnateur des dépenses civiles. Un Directeur du Contrôle financier, un Procureur Général, chef du service judiciaire, composent avec le Secrétaire Général le haut personnel de la colonie. A côté d'eux, des chefs de services ont la haute main sur les travaux publics, l'Agriculture, l'Enseignement, les Postes et Télégraphes, etc.

Le commandement supérieur des troupes est actuellement

12

exercé par le Gouverneur Général qui est le général Galliéni, mais il pourrait n'en être pas toujours ainsi et ces deux fonctions seront vraisemblablement un jour séparées.

Il n'est pas dans notre intention de montrer quélle est l'organisation des différents services de la colonie. Cependant nous ne pouvons nous dispenser de parler de la distribution

Partisans (1)

de la justice à Madagascar, de l'état actuel de l'enseignement et des différents cultes de la colonie.

Justice. — Il convient de distinguer la justice indigène et la justice française.

Les lois appliquées en Imérina, dans le Betsileo et dans certaines régions des côtes Est et Ouest par les juridictions mixtes ou indigènes dans les affaires civiles ou criminelles entre malgaches sont les lois de 1881, très sages et bien adap-

(1) Les partisans sont des indigènes soumis auxquels le gouverneur général donne des armes, qui se joignent aux troupes françaises faisant la conquête du pays.

Tirailleurs malgaches

tées au caractère des populations. Un arrêté du général
Galliéni en date du 23 février 1897 les a maintenues en vigueur.

Quant à la justice française, elle a été organisée en dernier
lieu par le décret du 9 juin 1896. Cet acte stipule, en son article premier, que la justice est rendue à Madagascar par une
Cour d'Appel, des Cours criminelles, des Tribunaux de pre-

Cercueil antankara.

mière instance, des justices de paix à compétence étendue,
des justices de paix et par des tribunaux indigènes.

Instruction publique. — La loi malgache de 1881 déclara
l'instruction obligatoire pour les enfants garçons et filles âgés
de plus de huit ans. Elle permet aux parents d'envoyer leurs
enfants dans l'école de leur choix.

Ce caractère obligatoire de l'enseignement dans un pays
aussi neuf que Madagascar pouvait sembler étonnant ; mais
il ne faut pas oublier que depuis longtemps déjà l'instruction

était très répandue dans l'île, grâce aux efforts des missionnaires protestants et catholiques.

Les premiers, venus dans l'île au commencement de ce siècle pour évangéliser la population, n'avaient rencontré chez celle-ci qu'une profonde indifférence religieuse. Par l'enseignement, ils espérèrent conquérir les âmes ; ils s'appliquèrent à façonner les esprits des jeunes générations pour leur donner la compréhension de leurs doctrines spiritualistes. Ils avaient un autre but : l'établissement de l'influence anglaise, but inavoué sans doute, mais qu'ils laissèrent facilement apercevoir le jour où notre influence voulut légitimement devenir prépondérante dans la grande île. Ils réussirent à former parmi les Hovas un parti anglophile, imprégné de leurs idées et hostile à la France. C'est ce parti qui s'oppose de façon irréductible à notre domination et dont la force fut utilisé par le Gouvernement de la reine Ranavalo-Manjaka III qui avait fait du protestantisme la religion officielle du pays.

Il faut cependant reconnaitre la grandeur de l'œuvre des missions protestantes anglaises à Madagascar. Lors de l'annexion de l'île à la France, ils instruisaient, soit dans leurs collèges de la capitale, soit dans les écoles disséminées dans le pays environ 60.000 enfants. Ils entretenaient à Tananarive une Ecole de médecine qui formait des docteurs indigènes.

Aujourd'hui, ils ont abandonné leurs écoles d'Imerina à la Sociétés des Missions évangéliques de Paris.

Les Pères Jésuites établis à Madagascar depuis moins longtemps que les missionnaires protestants avaient su y faire œuvre utile, en utilisant les qualités professionnelles des Frères de la Doctrine chrétienne et des Sœurs de Saint-Joseph de Cluny.

Il faut remarquer que la plupart des écoles protestantes et catholiques sont dirigées par des instituteurs indigènes, élèves des missionnaires de leur confession.

Le jour où la France s'établit définitivement à Madagascar, la lutte éclata entre protestants et catholiques, les premiers craignant que la réputation de puissance catholique faite à la France dans la grande Ile portât nos nouveaux sujets à envoyer leurs enfants chez les Pères Jésuites, les Pères Jésuites de leur côté pensant jouir dès lors d'une situation privilégiée. Le gouvernement français, à maintes reprises, fit connaître aux mal-

Cercueil sakalava

gaches que ses nouveaux maîtres lui laissaient la plus complète liberté au point de vue de l'éducation de leurs enfants. Toutes ces assurances ne réussirent que fort peu à apaiser la querelle.

Le Général Galliéni institua alors à Madagascar, à côté de l'enseignement libre donné par les missionnaires, un enseignement officiel donné tout d'abord par nos soldats dans des écoles improvisées, puis par des instituteurs laïques. Cet enseignement officiel fonctionne aujourd'hui régulièrement; son personnel est fourni par une Ecole Normale installée à Tananarive, dite Ecole Le Myre de Vilers.

Depuis cette époque, le Gouverneur général a créé à Tananarive une Ecole de Médecine qui délivre des diplômes à des docteurs indigènes, fondant ainsi l'enseignement supérieur officiel de la colonie.

Cimetière betsimisarcka

Il compléta l'organisation de l'enseignement à Madagascar par la création d'une Ecole professionnelle à Tananarive.

Actuellement le Français est obligatoirement enseigné dans toutes les écoles de la grande Ile, même dans les écoles étrangères, les programmes y sont soigneusement contrôlés par l'administration et l'on peut avoir l'assurance que la génération malgache qui fréquente les écoles apprend à estimer et à aimer notre pays.

Bientôt nos colons pourront se donner comme auxiliaires de

jeunes employés et ouvriers connaissant bien notre langue et ayant la pratique de nos industries.

Cultes. — L'œuvre des missionnaires protestants et catholiques au point de vue religieux a été menée par eux parallèlement à leur œuvre d'enseignement. Autorisés par les traités conclus par le gouvernement hova avec l'Angleterre et avec la France en 1865 et en 1868 à pratiquer leur religion dans l'île et à faire de la propagande en sa faveur, ils réussirent, les uns, comme les protestants, avec l'appui du gouvernement hova, les autres, comme les catholiques, avec leurs propres forces, à convertir la plus grande partie des habitants du plateau et à faire des prosélytes même sur les côtes. Conversions bien superficielles, car les malgaches, tout en affectant des dehors de pratiquants protestants ou catholiques, sont restés profondément fétichistes, et la religion chrétienne n'a pu élever le degré de leur moralité.

La même lutte qui s'était produite au point de vue de l'enseignement entre missionnaires protestants et missionnaires catholiques, après l'annexion, se produisit au point de vue religieux. Le Gouvernement local, sur les instructions du Gouvernement métropolitain, se tint en dehors de ces querelles et déclara que, dans sa colonie comme sur son propre territoire, il entendait conserver la plus stricte neutralité vis-à-vis des confessions religieuses de toute nature. Dans des Kabarys. nos administrateurs, le Gouverneur général lui-même, déclarèrent aux malgaches que la France ne leur imposait aucune religion plutôt qu'une autre, et qu'ils avaient même le droit, si bon leur semblait, d'être fétichistes comme leurs ancêtres.

Ces assurances répétées de neutralité données par l'administration locale ont porté leurs fruits ; et si on a pu remarquer beaucoup de conversions au catholicisme, fait qui s'explique aisément étant donné la tendance des malgaches à se mettre du côté du plus fort, on peut dire malgré tout que la lutte entre les

confessions religieuses n'existe plus aujourd'hui à Madagascar.

Telle est l'œuvre de colonisation que la France a entreprise
et exécutée à Madagascar ; elle témoigne clairement que, contrairement à un préjugé trop répandu, le Français est capable
de coloniser. La prospérité de notre nouvelle colonie, son essor
économique, les voies de communication qu'elle crée, l'em-

Pont de l'Anjomoka, en construction

prunt de 60 millions qu'elle gage, prouvent sa vigueur et sa
vitalité. Une politique habilement appropriée aux conditions
sociales et ethnographiques du pays, en a promptement assuré
d'une façon définitive la pacification. Les colons viennent en
nombre ; il en arrivera de nouveaux, dont l'initiative, la per-
sévérance et les capitaux assureront à notre grande colonie du
canal de Mozambique toute l'importance justifiée par sa
situation exceptionnelle, au flanc de l'Afrique du Sud, où

s offre à sa fécondité un débouché avantageux, avec lequel
la liberté de nos relations est garantie par un système de
défense, solidement établi pour maintenir en notre possession
la clé de l'Océan Indien,

———

LE COMITÉ DE MADAGASCAR

Le Comité de Madagascar a pour objet d'étudier la grande Ile, de faciliter sa mise en valeur et de répandre, dans le public, les solutions qu'il juge les meilleures. Il est né du besoin qu'ont éprouvé tous les Français ayant séjourné à Madagascar ou s'en étant spécialement occupés, de se grouper pour mettre en commun leur bonne volonté et leur expérience.

Après la rupture des relations avec le gouvernement malgache, au cours de l'été de 1894, tous les Français habitant Madagascar se retrouvèrent en France, à Paris principalement. Les liens qui s'étaient établis entre eux et qui deviennent facilement intimes dans la vie coloniale, leur firent ressentir le désir de se rencontrer pour s'entretenir du pays dont ils avaient, pour la plupart, été brusquement arrachés et dont l'avenir, à la veille des événements qui se préparaient, les préoccupait à juste titre.

Leurs réunions prirent d'abord la forme de déjeuners hebdomadaires, mais ces agapes fraternelles, pleines de cordialité, ne pouvaient suffire qu'au début et le moment ne tarda pas à venir où il parut nécessaire de constituer à Paris, sur des bases plus stables et plus sérieuses et en vue d'une action sur les pouvoirs publics, un groupe formé de toutes les personnes qui, à un titre quelconque, s'intéressent à Madagascar et à son avenir.

Un programme fut élaboré. Une première réunion eut lieu dans les locaux de la Société de Géographie commerciale mis gracieusement à la disposition des fondateurs du Comité, le 17 novembre 1894; vingt-quatre personnes y assistèrent; une econde assemblée plus nombreuse fut tenue le 28 du même mois ; enfin, le 9 février 1895, le *Comité de Madagascar* fut définitivement constitué.

M. Alfred Grandidier, membre de l'Institut, que sa grande notoriété et ses savants travaux désignaient à tous les suffrages, fut élu président; l'appel adressé au public fut entendu. Dès le mois de mai parut le premier *Bulletin du Comité de Madagascar* (1) en tête duquel figurait une déclaration, sorte de profession de foi de l'association naissante. Le but qu'elle s'était proposé dès la première heure était double : étudier le régime politique, administratif et économique à donner à Madagascar, après la conquête ; se consacrer au développement, au peuplement et à la mise en valeur de notre colonie en provoquant des bonnes volontés et en fournissant aux intéressés tous les renseignements commerciaux et de tout genre qui pourraient leur être utiles.

En 1896, M. Grandidier ayant manifesté le désir de se retirer fut nommé président d'honneur et M. J. Charles-Roux, alors député de Marseille, aujourd'hui délégué des Ministères des Colonies et affaires étrangères à l'Exposition de 1900, voulut bien prêter au Comité le concours de sa haute compétence en matières économiques, commerciales et coloniales, en acceptant de remplacer M. Grandidier au fauteuil de la présidence.

Répondant à un besoin, l'œuvre commencée modestement s'accrut vite : le Comité compte aujourd'hui plus de huit cents membres, appartenant à toutes les classes de la Société hommes d'Etat, savants, industriels, commerçants et particuliers; il s'est rapproché de l'Union Coloniale et ses bureaux sont installés dans les mêmes locaux que ceux de cette association, 44, rue de la Chaussée-d'Antin.

_____

(1) Les collections complètes du Bulletin du Comité de Madagascar des années 1895-96-97-98-99 sont en vente au siège du Comité, 44, Chaussée-d'Antin, au prix de 15 fr.

Le *Bulletin du Comité* ayant paru trop spécial et difficile,
sous cette forme, à répandre dans le grand public, a été,
depuis le mois de juillet 1899, transformé en *Revue de Madagascar* (1), publication mensuelle et illustrée, qui, tout en
restant l'organe du Comité, constitue une sorte d'encyclopédie
de la Colonie. Les questions les plus diverses scientifiques,
historiques, industrielles, commerciales et agricoles, celles
touchant la colonisation y sont soigneusement étudiées. Tous
les actes officiels y sont relatés, un chapitre est spécialement
affecté à la bibliographie. Mais si les intentions de ses inspi-
rateurs sont d'être utiles, la forme de la Revue est loin d'être
aride. Son but est pratique, mais ses moyens sont littéraires
et elle garde une place au romanesque. C'est une œuvre de
patriotique vulgarisation qu'elle se propose.

Elle peut être consultée avec fruit par tous ceux qui veulent
s'intéresser au développement de notre nouvelle colonie, ou
simplement suivre ce mouvement.

L'action proprement dite du *Comité* s'exerce de deux façons :

1º Par la défense des intérêts généraux (2).

2º Par l'aide qu'elle prête aux intérêts particuliers, et notamment à ceux de ses adhérents, en tant qu'ils sont d'accord
avec ces intérêts généraux.

Il s'efforce d'assurer, par tous les moyens en son pouvoir,
le développement, la prospérité et la défense des intérêts de
la colonisation, du commerce et de l'industrie dans l'Ile ; de
provoquer des réunions ayant pour but la discussion et
l'examen de ces questions ; il intervient auprès des pouvoirs
publics et toutes juridictions pour la défense des principes

---

(1) Rédaction et administration, 44, rue de la Chaussée-d'Antin, Paris.
Abonnements : France, 12 fr. par an ; Colonies et Union postale, 14 fr. 50.

(2) Il a étudié notamment les questions des régimes des concessions de
chemins de fer à Madagascar, du retrait de la monnaie coupée, du régime
des patentes, des droits de sortie sur les bœufs, de la main-d'œuvre indigène, etc.

d'intérêt général; il examine et provoque toutes mesures économiques ou législatives reconnues nécessaires en les soutenant par tous les moyens à sa disposition; il communique à ses membres tous les renseignements utiles, lois, règlements, tarifs douaniers, ceux sur les sociétés existantes et en formation et généralement tous les documents et renseignements intéressant Madagascar qu'il prend soin de réunir en aussi grand nombre que possible; il répand largement en France des notions et des idées justes sur notre nouvelle colonie au moyen de sa *Revue*, de notices, de brochures, d'articles de presse, de conférences à Paris et en province, en un mot en faisant de son mieux connaître notre possession de l'Océan Indien; il provoque l'émigration des capitaux et des colons vers Madagascar et contribue à sa mise en valeur par l'agriculture et l'industrie et le développement de son commerce, etc.

Pour augmenter ses moyens d'action, grouper le plus grand nombre possible d'adhérents et répandre plus efficacement les renseignements dont il dispose, le Comité a créé des sections dans les principaux centres de la Colonie et de la Métropole, Tananarive, Marseille, Bordeaux, Lyon, (d'autres sont en voie de formation), et nommé des délégués dans les principales villes.

Il a publié un *Guide de l'Émigrant* où les *postulants émigrants* trouvent les conseils les plus pratiques et les plus nécessaires pour les aider à prendre une décision et conduire leurs premiers pas quand celle-ci les a poussés vers la grande Ile.

De concert avec l'*Union Coloniale française*, le Comité a institué des dîners mensuels qui constituent un excellent moyen de propagande et d'enseignement mutuel. Les discussions sur les questions à l'ordre du jour, les échanges de renseignements et d'idées y tiennent une large place. Des hommes appartenant à des milieux bien différents s'y rencontrent, apprennent à se connaître, exposent leurs projets. Souvent, ils en arrivent à s'unir, à mettre en commun leurs efforts pour atteindre leur but.

Le Comité possède encore, en commun avec l'Union Coloniale, une bibliothèque, riche en volumes, collections de bulletins et de journaux concernant Madagascar, et qui sont mis gratuitement à la disposition de tous ses membres.

Les bureaux du Comité sont ouverts à tous ceux qui viennent y frapper, et on ne saurait trop engager tous ceux qui veulent nouer avec notre nouvelle Colonie des relations, de quelque nature qu'elles soient, ou qui songent à aller s'y établir, à se mettre en rapport avec le Comité, où ils recevront le meilleur accueil. Il est aussi répondu au jour le jour à la nombreuse correspondance qu'on lui adresse.

Les délégués dans l'Ile, tout en tenant le Conseil régulièrement au courant de ce qui se passe dans leurs régions, apportent le concours le plus précieux et le plus dévoué à tous les arrivants, à quelque classe qu'ils appartiennent. Ils les dirigent dans leurs premiers pas et les aident de leurs conseils et de leur expérience. L'institution de ces délégués a donné les résultats les *plus satisfaisants*, et tous ceux qui ont eu affaire à eux se sont vivement félicités de leur gracieux et utile accueil.

Fondé sur ces bases et arrivé à ce point de développement, le *Comité de Madagascar* devait apporter un concours précieux au gouvernement général de l'Ile. L'administrateur éminent qui préside à ses destinées l'a compris en lui confiant le bureau de la colonisation malgache à Paris, et en instituant à son siège social un dépôt de toutes les publications, cartes, journaux, etc., émanant de l'Imprimerie officielle de Tananarive.

C'est avec la collaboration du Comité et sous la direction de son président d'honneur, M. Alfred Grandidier, que le gouvernement de notre colonie vient de publier le *Guide de l'Immigrant* (1) à Madagascar, trois beaux volumes in-8°, accompagnés d'un atlas, magnifique ouvrage contenant les renseignements les plus divers, les plus circonstanciés et les plus récents sur cette nouvelle terre française. Les documents qui le composent ont été fournis par tous les collaborateurs du général Galliéni qui a confié au capitaine Nèples, de l'infanterie de marine, le soin de les recevoir et de les mettre au point.

Le *Comité* a pensé que la France avait une dette de reconnaissance à payer envers ceux de ses enfants — officiers et soldats — morts pendant la dernière campagne, et il a pris l'initiative d'une souscription publique dont le montant est destiné à élever un monument à leur mémoire. L'exécution de ce monument, confié à l'un de nos maîtres dans l'art de la sculpture, M. Barrias est terminé. Le modèle en plâtre, qui a figuré au salon de 1897, est exposé dans les jardins du Trocadéro devant le Palais du Ministère des Colonies. Il vient d'être coulé en bronze et va pouvoir être avant peu expédié dans la grande île, où il sera édifié sur l'avenue de France, à Tananarive.

Sur le socle, qui sera en granit de Madagascar, seront inscrits tous les noms des officiers, soldats et marins morts pour la patrie en 1894-95.

Enfin le Comité est sur le point d'entreprendre un travail de longue haleine, que l'aide de M. Alfred Grandidier, et des savants spécialistes qu'il a la bonne fortune de posséder dans son sein, lui permettra de mener à bonne fin.

Il se propose de traduire, de réimprimer et de publier tous les ouvrages qui ont été écrits sur Madagascar de 1500, époque

---

(1) Chez Colin et C°, éditeurs à Paris, l'ouvrage complet, 40 fr.

de sa découverte, à 1800. Plusieurs d'entre eux présentent un réel intérêt; mais comme ils sont disséminés un peu partout, comme certains sont écrits en langues étrangères et en vieilles langues (portugais, allemand, anglais), comme certains sont même à l'état de manuscrit, ils sont difficilement abordables pour le grand public. Cette publication, qui comprendra une dizaine de volumes au moins, sera dirigée et annotée par M. A. Grandidier et ses savants collaborateurs et accompagnée de cartes et de gravures, ce qui en augmentera singulièrement l'utilité et l'intérêt (1).

STATUTS DU COMITÉ DE MADAGASCAR

ARTICLE PREMIER

Il est formé entre ceux qui adhèrent aux présents statuts une association qui prend le titre de *Comité de Madagascar*.

ARTICLE II

Le *Comité de Madagascar* a pour but de faire connaître notre nouvelle colonie, d'aider par tous les moyens possibles à sa colonisation, à son développement économique et commercial, en étudiant les questions d'intérêt général qui la concernent et en facilitant à chacun de ses membres la défense de ses intérêts particuliers.

ARTICLE III

Le *Comité de Madagascar* exercera son action, notamment par la publication de livres ou de brochures, par des confé-

(1) On peut souscrire au Comité de Madagascar, 44, Chaussée-d'Antin. La publication comprendra environ dix volumes grand in-8 ornés de gravures et de cartes ; le prix de chaque volume sera de 25 francs.

rences, par la voie de la presse, par la création, en province ou dans la colonie, de délégués et de sections locales, etc., etc.

ARTICLE IV

Le siège de l'association est à Paris, rue de la Chaussée-d'Antin, n° 44; il pourra être transféré à tout autre endroit par décision du Conseil d'administration.

ARTICLE V

Pour faire partie du Comité il faut être présenté par deux membres, être agréé par le Conseil et acquitter l'une des cotisations stipulées dans l'article ci-après.

ARTICLE VI

Le Comité se compose :

1° De MEMBRES D'HONNEUR. — Le titre de membre d'honneur peut être conféré à toute personne ayant rendu des services exceptionnels soit à la cause de Madagascar, soit au Comité.

2° De MEMBRES DONATEURS. — Est membre donateur quiconque aura fait à l'association, en une ou plusieurs fois, un don supérieur à la cotisation des membres fondateurs ci-après.

3° De MEMBRES FONDATEURS. — Les membres fondateurs paient une cotisation de 50 francs pendant 5 ans ou de 250 francs une fois versés.

4° De MEMBRES SOCIÉTAIRES. — Les membres sociétaires paient une cotisation de 25 francs par an.

5° De MEMBRES ADHÉRENTS. — Les membres adhérents paient une cotisation annuelle de 10 francs.

ARTICLE VII

Les cotisations annuelles sont payables d'avance. Elles sont dues à partir du 1er janvier, à quelque époque qu'ait lieu l'inscription.

Tout membre doit sa cotisation jusqu'au jour où il a adressé avant la fin d'un exercice, sa démission par écrit au président pour l'exercice suivant.

Le non paiement d'une cotisation, pendant deux exercices consécutifs, entraîne la radiation.

ARTICLE VIII

Tous les membres, à quelque catégorie qu'ils appartiennent, reçoivent gratuitement la *Revue de Madagascar*, organe du Comité.

ARTICLE IX

L'association est administrée par un Conseil de 40 membres, élus pour trois ans et rééligibles.

Tous les membres du Comité sont appelés à prendre part à l'élection du Conseil, qui a lieu par correspondance.

En cas de vacances, le Conseil pourvoit au remplacement de ses membres, sauf ratification par la plus prochaine assemblée générale.

Les candidats aux fonctions de membre du Conseil doivent être présentés au bureau un mois au moins avant l'époque des élections.

Le Conseil est chargé de l'administration générale de l'association : il a seul qualité pour modifier les présents statuts.

ARTICLE X

Le Conseil choisit son bureau parmi ses membres : ce bureau se compose d'un président, de plusieurs vice-présidents, leur chiffre ne pouvant excéder quatre, d'un secrétaire-général, d'un secrétaire et d'un trésorier.

Ces dernières fonctions peuvent être remplies par le président.

Le secrétaire peut être pris en dehors des membres du Conseil. Il n'a, dans ce cas, que voix consultative dans les délibérations.

Le bureau est élu pour la même période que le Conseil, c'est-
a-dire pour trois années.

Les anciens présidents du Comité peuvent être nommés
présidents d'honneur et, à ce titre, continuer à siéger au
bureau. Ce titre leur est conféré à vie et sans que ceux à qui il
est décerné soient soumis aux réélections triennales.

Le Conseil se réunit, sur la convocation du bureau, chaque
fois que les affaires l'exigent.

ARTICLE XI

Le Comité se réunit, une fois par an au moins, en assemblée générale, dans le premier trimestre de chaque exercice.

Tous les membres du Comité sont invités à cette assemblée
par une annonce insérée dans l'organe de l'association, *la
Revue de Madagascar*, et par une convocation individuelle
que le bureau leur adresse huit jours à l'avance.

ARTICLE XII

Le *Comité de Madagascar* s'interdit toute discussion religieuse et politique ; il n'est pas responsable de l'opinion de ses
membres, même dans ses publications.

ARTICLE XIII

Le Conseil du Comité pourra prononcer la dissolution de
l'Association : les trois quarts de ses membres, pour que cette
mesure soit valable, devront être présents, et la délibération
devra être prise à la majorité des deux tiers des membres
présents.

COMITÉ DE MADAGASCAR

DELAUNAY-BELLEVILLE, ancien président de la Chambre de Commerce de Paris, directeur général de l'Exploitation de l'Exposition de 1900.

DELHORBE (L.), ancien directeur du Comptoir d'Escompte à Madagascar.

DEPINCÉ, chef de service à l'Union Coloniale française.

DESCUBES, ancien député.

DUPORTAL, inspecteur général des ponts et chaussées.

DUPRAT, directeur de la Compagnie des Chargeurs réunis.

FLEURY-RAVARIN, député de Lyon.

GUILLAUME GRANDIDIER, ancien chargé de mission à Madagascar.

GROSCLAUDE (E.), homme de lettres, commissaire de Madagascar à l'Exposition universelle de 1900.

HONORÉ, directeur des Grands Magasins du Louvre.

KRANTZ, ancien ministre, député des Vosges.

LAILLET, ingénieur.

LANESSAN (de), ministre de la Marine.

LASSERRE, député du Tarn-et-Garonne.

MAISTRE (C.), explorateur.

MANTE, de la maison Mante frères et Borelli, président du Conseil d'adminisiration de la Compagnie Coloniale de Madagascar.

MERCET, vice-président du Comptoir National d'Escompte de Paris, président de l'Union Coloniale française.

MILNE-EDWARDS, membre de l'Institut, directeur du Muséum.

PAGÈS (F.), administrateur délégué de la Société auxiliaire de la colonisation française à Madagascar.

PAGNOUD (Ch.), consul de Belgique, administrateur délégué de la Compagnie lyonnaise de Madagascar.

PAULIAT, sénateur du Cher.

PECTOR, de la maison Pector et Ducoux, négociant-commissionnaire.

R. P. PIOLET, ancien missionnaire à Madagascar.

PÉRIER (F.), président du Conseil d'administration de la Compagnie havraise péninsulaire.

RIGAUD, ancien ingénieur de la Résidence générale de France à Madagascar.

SIEGFRIED (J.), ancien ministre.

TORCY (Général de), ancien chef d'état-major du corps expéditionnaire.

FIN

BIBLIOGRAPHIE

XVII° SIÈCLE

1658. — *Le sieur de Flacourt*, directeur général de la Compagnie française de l'Orient et commandant pour Sa Majesté en la dite isle et ès isles adjacentes. Histoire de la grande isle de Madagascar avec une relation de ce qui s'est passé ès années 1655, 1656 et 1657. Carte et dessins. In-4°. — Troyes, Nicolas Oudot. — Réédition, Paris, 1661

XVIII° SIÈCLE

1729. — *Robert Drury*. « Madagascar or Robert Drury's Journal during fifteen yeasr' captivity on that island ». Carte, dessins et vocabulaires, 464 pages. — London. Réimprimé en 1743, 1808 et 1831.

XIX° SIÈCLE, DE 1800 A 1895

1845. — *Guillain*, capitaine de corvette. Documents sur l'histoire, la géographie et le commerce de la partie occidentale de Madagascar, 1 vol., 376 pages. — Paris, Imprimerie Royale, veuve Arthus Bertrand, 23, rue Hautefeuille.

1859. — *Rev. William Ellis*. « Three visits of Madagascar during the yeers 1853-1854 and 1856 » 476 pages, Londres.

1861. — *Ida Pfeiffer*, « Reise nach Madagaskar nebsteiner Biographie der Verfasserin ». Wien. Traduit par W. de Suckau. Voyage à Madagascar, 1 vol. in-16. — Paris, Hachette.

1872-1881. — *R. P. Callet. S. J.* « Tantara ny Andriana eto Madagascar ». Documents historiques d'après les manuscrits malgaches. — Antananarivo, 3 volumes.

1876, — *Rev. William Cousins*, « Malgasy Customs » 56 pages, Anananarivo.

1877. — *Rev. Dahle.* « Specimens of malagasy folk-lore », 457 pages.

1880. — *James Sibree.* « The Great African Island. Chapters on Madagascar », 1 vol. in-8, 367 pages. — London, Trubner and C°.

1883. — *Charles Buet.* Madagascar, la reine des îles africaines, 1 vol. in-8. — Paris, Victor Palmé.

1884. — *L. Pauliat.* Madagascar, in-8. — Paris, Calmann-Lévy.

1885. — *R. P. de la Vaissière.* Histoire de Madagascar, 2 volumes. — Paris.

1885. — *RR. PP. de la Vaissière et Abinal.* Vingt ans à Madagascar. — Paris. V. Lecoffre.

1886. — *Pasfield Oliver.* « Madagascar, an historical and descriptive account of the Island and its former dependencies », 2 vol. in-8 avec cartes et planches. — London, Macmillan, et Paris, Challamel.

1886. — *L. Pauliat.* Madagascar sous Louis XIV. Louis XIV et la Compagnie des Indes, in-12. — Paris.

1886. — *Pouget de Saint-André.* La colonisation de Madagascar sous Lous XV. — Paris, Challamel.

1890. — *Dr Besson*, résident de France à Fianarantsoa. Voyages au pays des Tanalas indépendants de la région d'Ikongo, in-8.

1892. — *Grandidier.* Histoire de la géographie de Madagascar. Texte et atlas. — Imprimerie Nationale.

1892. — *De Mandat-Grancey.* Souvenirs de la côte d'Afrique. — Plon et Nourrit.

1899. — *G. Foucart.* Madagascar, commerce, colonisation, Paris, in-12.

1894. — *Martineau.* Etude de politique contemporaine. Madagascar en 1894. — Paris, Flammarion.

1895. — *Le P. Piolet.* Madagascar et les Hovas. — Ch. Delagrave.

1895. — *Gautier, Jully, Dr Rouire, P. Combes.* Guide pratique du colon et du soldat à Madagascar. 4 cartes ou plans, 208 pages. — Paris, Joseph André.

1895. — *G. Hanotaux.* L'Affaire de Madagascar. 308 p. Paris,

1896. — *Dr L. Catat*, Voyage à Madagascar (1889-1890). — In-4, 436 pages, 4 cartes. — Paris, Hachette.

1896. — *A. Rigaud*. Traité pratique de la culture du café dans région centrale de Madagascar. In-8, 102 p. — Paris, Challamel.

1896. — *Général Duchesne*, L'Expédition de Madagascar, — Paris Ch. Lavauzelle,

1896. — *P. Locamus*. Madagascar et ses richesses. — Paris, Challamel.

1897. — *E. Blavet*. Au pays malgache, — Paris. P. Ollendorff.

1897. — *C. Vray*. Mes campagnes, par une femme. — Autour de Madagascar. — Berger-Levrault.

1897. — *Lieutenant-colonel J. D. Lentonnet*. Carnet de campagne à Madagascar. — In-12, 249 pages. Paris (ouvrage couronné par l'Académie française).

1897. — *Général Duchesne*. Rapport sur l'expédition de 1895. — Berger-Levrault.

1898. — *Annuaire de Madagascar*. Tananarive. Imprimerie officielle.

1898. — *E. Grosclaude*. Un Parisien à Madagascar. Aventures et impressions de voyage. In-4°, 365 pages, 138 gravures. — Paris, Hachette.

1898. — *Commandant de Mirepoix*. Etude sur l'Expédition de Madagascar en 1895. — Paris.

1898. — *J. Charles-Roux*. Les voies de communication et les moyens de transport à Madagascar. In-8° de 54 p. — Paris, A. Colin.

1898. — *Jean Carol*. Chez les Hovas, au pays rouge. 432 pages. — Paris, P. Ollendorff.

1898. — *R. P. Piolet*. Douze leçons à la Sorbonne sur Madagascar. In-8°, 436 pages. — Paris, Challamel.

1898. — *A. Malotet*. Etienne de Flacourt ou les origines de la colonisation française à Madagascar (1648-1661). Paris, Ernest Leroux.

1898. — *H. Galli*. La guerre à Madagascar. 2 vol. in-4°. 126 dessins et plans. — Paris, Garnier frères.

1898. — *Union coloniale française et Comité de Madagascar*. Guide de l'émigrant à Madagascar. 1 broch., 64 p., avec carte.

1899. — *Gouvernement général de Madagascar et Dépendances*. Guide de l'immigrant à Madagascar. 3 vol., 1,500 pages, 32 planches de gravures hors texte, avec un atlas de 24 planches comprenant 40 cartes, cartons, profils et plans en 6 couleurs (publié par la Colonie avec le concours du Comité de Madagascar). — Paris, A. Colin et Cie.

1899. — *Annuaire de Madagascar*. Tananarive. Imprimerie officielle.

1899. — *E. André.* De l'Esclavage à Madagascar, in-8, 276 pages. — Paris, A. Rousseau.

1899. — *Général Gallieni.* Rapport d'ensemble sur la situation générale de Madagascar, in-8, 2 volumes, 893 pages. — Paris, Imprimerie des Journaux officiels.

1899. — *R. P. Colin.* Mélodies malgaches recueillies et harmonisées par le R. P. Colin. 1ʳ série. Tananarive. — Imprimerie de la Mission catholique.

1899. — *P. P. Malzac.* « Tantaran' ny Andriana nanjaka teto Imerina. (Histoire des rois qui ont régné en Imerina), d'après les documents recueillis par le R. P. Callet. — Tananarive, Imprimerie de la Mission catholique.

1900. — *Lieutenant Ellie.* Le général Gallieni (le Tonkin, Madagascar), in-8, 304 pages, avec 80 illustrations. — Paris, F. Juven.

1900. *Cahuzac,* conseiller à la cour d'appel de Tananarive. Essais sur les institutions et le Droit malgaches. Tome Iᵉʳ 1 vol. in-8. Paris, chevalier-Marocq et Cie.

1900, — *Général Gallieni..* La pacification de Madagascar (Opérations d'octobre 1896. à mars 1899) ouvrage rédigé par le capitaine Hellot in-4°, 528 pages, cartes et illustrations, librairie militaire Chapelot. Paris.

1900. — *Guillaume Grandidier.* Voyage dans le Sud-Ouest de Madagascar. Br. in-8. 27 pages. Carte. Paris Lahure.

Sans date. — Itinéraire de Tamatave à Tananarive avec annexe; itinéraire de Majunga à Tananarive. Cartes, 60 pages (publié par l'état-major du corps d'occupation).

Sans date. — *Henri Mager..* La vie à Madagascar, in-8, 330 pages, cartes et illustrations, Paris, Firmin-Didot.

EN COURS DE PUBLICATION

1900. — *Grandidier* (A.), membre de l'Institut. Histoire naturelle, physique et politique de Madagascar. Grand in-4°. Cet ouvrage considérable, qui est en quelque sorte l'encyclopédie des connaissances acquises sur l'île, es en cours de publication. Il sera complet en 50 volumes environ, dont plus de la moitié sont terminés.

M. Grandidier a publié, outre cet ouvrage, de nombreuses études scientifiques sur Madagascar, dans les principales revues françaises.

Dʳ *Vœltzkow.* — «Wissenschaftliche Ergebnisse der Reisen in Madagaskar und Ostafrika ». — Francfort, Moritz Diesterweg.

INDIQUONS A PART DIFFÉRENTS OUVRAGES SE RAPPORTANT A
L'ÉTUDE DE LA *Langue malgache*

R. P. Ailloud, S. J. Grammaire malgache. — Tananarive, 1872.

L. Boucabeille et Lavoipière. — Les mots français-malgaches groupés d'après le sens, 102 pages. — Paris, Hachette, 1899.

A. Durand. Manuel pour l'usage de la langue Hova (avec indication de la prononciation). — in-12, Paris, André, 1899.

G. Julien. Petit guide de conversation français-hova. — Imprimerie Nationale, 1895.

R. P. Malzac. Dictionnaire malgache-français, 2ᵉ édition, 1898. Paris, Challamel ; — Dictionnaire français-malgache, 2ᵉ édition 1899. Tananarive. — Vocabulaire français-malgache. Tananarive 1896.

Aristide Marre. Grammaire malgache suivie de nombreux exercices 1 vol. 180 pages, Epinal, Imprimerie vosgienne 1894 ; Vocabulaire français malgache 1 vol. 391 pages, Epinal, 1894.

A. Marre de Marin. Grammaire malgache fondée sur les principes de la grammaire javanaise, suivie d'exercices et d'un recueil de 100 proverbes. — Broch. in-18 Paris, Maisonneuve, 1876.

G. Mondain. Eléments de malgache, traduction et adaptation de la méthode Richardson in-8, 100 pages. Tananarive, 1898.

R. P. Basilide Rahidy. Grammaire malgache ; Dialogues et vocabulaires français ; Exercices et vocabulaires malgaches–français. — Paris, Jos. André, 1895.

R. P. Weber. Dictionnaires français-malgache et malgache-français ; grammaire élémentaire malgache. — Ile de 'la Réunion, 1855.

JOURNAUX, REVUES, ETC.

Journal officiel de Madagascar. Imprimerie officielle de Tananarive, paraît tous les jours, depuis le 20 mars 1896. — Prix : 0 fr. 15 c. le numéro.
Abonnements : Madagascar, un an 20 fr. ; six mois 12 fr. — France, un an 25 fr. ; six mois 15 fr.
Suppléments de la côte Est et de la côte Ouest.

Notes, reconnaissances, explorations. Revue trimestrielle publiée par la Colonie. Imprimerie officielle de Tananarive.
La revue était mensuelle durant les deux premières années de sa publication (1897 et 1898).
Prix de la livraison : 2 fr. Abonnement : 10 fr. par an.

Revue de Madagascar (ancien Bulletin du Comité de Madagascar), mensuelle, illustrée. — Paris, 44, Chaussée-d'Antin.

Cette publication paraît depuis 1895. La *Revue de Madagascar* a succédé au Bulletin du Comité de Madagascar à la date du 10 juillet 1899.

Prix du numéro : 1 fr. 25. Abonnements : six mois, France 7 fr. Etranger et colonies, 8 fr. 25. — Un an, 12 fr. ; Etranger et colonies. 14 fr. 50.

On peut se procurer ces trois publications au Comité de Madagascar, 44, Chaussée-d'Antin.

Antananarivo-Annual. Revue anglaise annuelle publiée à Tananarive, sous la direction du Rév. James Sibree.

TABLE DES MATIÈRES

Paris. — Imprimerie Alcan-Lévy, 24, rue Chauchat

Pal

de Madagascar

ƤM

www.ingramcontent.com/pod-product-compliance
Lightning Source LLC
Chambersburg PA
CBHW070607100426
42744CB00006B/424